GÉNÉALOGIE

DE LA FAMILLE

DE BODIN

TOURS

IMPRIMERIE DESLIS FRÈRES

6, RUE GAMBETTA, 6

1907

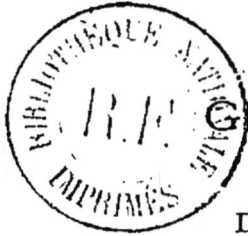

GÉNÉALOGIE

DE LA FAMILLE

DE BODIN

GÉNÉALOGIE

DE LA FAMILLE

DE BODIN

TOURS

IMPRIMERIE · DESLIS FRÈRES

6, RUE GAMBETTA, 6

—

1907

BODIN (de)

Barons de Wagnonville, seigneurs de Villers, de Selles, de Courrières, de Manville, du Mesniel, de Cagnicourt, de Boisrenard, de Veaux, de la Brosse-Salerne, de la Pourcelière, de Chantecaïlle, du Chastelier, de la Corbillière, etc. (Cambrésis, Artois, Flandre, Blésois, Languedoc Orléanais, Touraine, Normandie et Nivernais).

ARMES : *D'azur, à un chevron d'or, accompagné de trois roses de même, deux en chef et une en pointe; au chef d'argent, chargé de trois merlettes d'azur* [1].

COURONNE : De comte.
SUPPORTS : *Deux lions.*

La famille DE BODIN, originaire du Cambrésis, est une des plus anciennes de cette contrée.

[1]. *Armorial général* de d'Hozier, reg. 1er, 1re partie, p. 72.
Carpentier, dans son *Histoire de Cambray et du Cambrésis*, et Lainé dans son *Nobiliaire d'Artois*, p. 28, blasonnent ainsi les armes de cette famille :
D'azur, au chevron d'argent, accompagné de trois

1

Elle a écrit primitivement son nom Le
Baudain et Baudin, et on lit encore de
Baudin dans des titres postérieurs à 1700. Son
existence et son rang distingué dans la noblesse sont constatés dès le commencement du
xiie siècle.

Une charte de l'abbaye de Saint-Aubert de
Cambray (1120), et une lettre de l'évêque
Burchard (1126), font mention de Foulques
Le Baudain, grand-prévôt de Cambray, chambellan de l'évêque et seigneur de Villers,
châtellenie affectée à cette dignité de chambellan [1].

La noblesse de cette maison, déjà établie par
divers ouvrages généalogiques que nous indi-
querons dans le cours de notre travail, est
authentiquement prouvée :

1° Par un fragment de généalogie émanant
de d'Hozier, et inséré dans l'*Armorial général
de France* (Registre premier, première partie,
page 72) ;

2° Par une ordonnance de maintenue, délivrée par le marquis de Bouville, intendant
de la généralité d'Orléans, à la date du
24 août 1702, et dont une expédition en due

---

quintefeuilles d'or ; au chef d'or, chargé de trois merlettes de sable.

Ces armes étaient celles des de Bodin avant l'éta-
blissement de la branche cadette dans le Blésois,
c'est-à-dire, avant 1543 environ. Depuis cette époque,
elles sont telles que nous les avons décrites.

1. *Histoire de Cambray et du Cambrésis*, par Carpentier, II, 174.

forme, conservée dans les archives de la famille de Bodin, sera transcrite textuellement dans cette notice ;

3° Par une ordonnance, en date du 13 novembre 1704, des président, lieutenant, assesseurs et élus de l'élection de Châteaudin, confirmant François de Bodin, Ecuyer, Seigneur de Vaux, dans la jouissance des privilèges et exemptions attribués aux nobles, et faisant défense aux collecteurs des tailles de comprendre ce gentilhomme sur les registres concernant cet impôt et autres ;

4° Par un jugement des commissaires généraux du Conseil, du 22 juillet 1706, qui maintient François de Bodin, Ecuyer, Seigneur de Vaux et de la Brosse, et Louis de Bodin, Ecuyer, Seigneur de Boisrenard, son frère aîné, dans les qualités de noble et d'écuyer [1] ;

5° Par l'admission, à l'école de Saint-Cyr, de Marie-Thérèse de Bodin de Vaux, le 10 novembre 1723 [2] ;

6° Par un certificat de noblesse délivré, pour le service militaire, par Chérin, à N. Bodin de Boisrenard, le 3 juin 1784 [3] ;

---

1. *Arm. gén. de France*, par d'Hozier, reg. 1er, 1re partie, p. 72.

2. *Armorial gén. de France*, par d'Hozier, reg. 1er, 1re partie.

3. *Catalogue des certificats de noblesse, délivrés par Chérin, pour le service militaire* (1781-1789), publié par MM. Louis de la Roque et Edouard de Barthélemy, p. 11.

7° Par la comparution (par fondés de pouvoir), de deux membres de la famille, à l'assemblée de la noblesse des bailliages réunis de Blois et Romorantin, convoquée pour l'élection des députés aux Etats généraux de 1789. Ces gentilshommes sont : François de Bodin, chevalier, seigneur de Boisrenard, — et Louis-Joseph de Bodin, chevalier, ancien capitaine d'infanterie, chevalier de Saint-Louis, seigneur de Vaux[1].

Le nom de Bodin figure dans des actes de foi et hommage, en 1330-1397 et 1457-1578 (*Reg.* 455, p. 205; *reg.* 444, p. 40 ; *reg.* 331, p. 53 ; *Archives impériales*[2]).

La famille de Bodin a de très belles alliances, parmi lesquelles on remarque les maisons de Haucourt, d'Esne, de Vieuxpont, de Guisancourt, de Mallet, d'Ailly, de Rieux, de Longueval, d'Ongnies, de Montmorency, de Neufville, de Lury, de Gratemesnil, de Bugy, de l'Eglise, de la Taille, Tascher de la Pagerie, de Laiglhoult, de Fougeroux, de Bréda, de Villeneuve, de Massol, de Lamberty, de la Ferrière, de Richomme, de Tullières, de Courcy, de Trimond, de Vanssay, etc.

---

1. *Catalogue des gentilshommes de l'Orléanais, Blaisois, Beauce et Vendomois, qui ont pris part ou envoyé leur procuration aux assemblées de la noblesse pour l'élection des députés aux États généraux de 1789*, publié par MM. Louis de la Roque et Edouard de Barthélemy, p. 12.

2. *Armorial de la noblesse de France* (généalogie de Bodin), par d'Auriac.

Il existe deux généalogies imprimées de la maison de Bodin : l'une dressée par Carpentier (dans son *Histoire de Cambray et du Cambrésis*, déjà citée), d'après Gélic, Rosel de Ligne et les registres de Cambray ; — l'autre, établie par d'Auriac, dans l'*Armorial de la noblesse de France* (in-4°, Paris, 1856).

Une troisième généalogie, mais manuscrite, a été rédigée par Ferdinand Malotau, seigneur de Villerode, conseiller honoraire au parlement de Flandre (avant 1738), et insérée dans son *Armorial généalogique de la noblesse de Flandre, Artois, Picardie*, etc. (volume lettre B). Cet ouvrage fait partie des manuscrits de la bibliothèque de Douai.

Enfin, dans l'*Armorial général de France*, par d'Hozier, se trouve un fragment de généalogie qui relie d'une façon positive les de Bodin, du Blésois, aux de Bodin, ou de Baudain, du Cambrésis.

C'est à l'aide de ces documents, joints aux pièces qui nous ont été communiquées par la famille, et à des indications provenant de nos recherches personnelles, indications dont nous ferons connaître les sources, que la généalogie suivante a été dressée.

La filiation suivie ne commence qu'à Jean de Baudain, chevalier, vivant en 1326. Nous la ferons précéder de noms isolés et de renseignements généalogiques qui n'ont pu trouver une place certaine dans le classement filiatif.

NOMS ISOLÉS

Baudain (Foulques Le), seigneur de Villers, grand-prévôt de Cambray (1120), était chambellan de l'évêque de cette ville, en 1126-1128 [1].

Baudain (Jean Le), seigneur de Villers, gouverneur et châtelain de Selles, en Cambray (1340), épousa Jeanne de Renaud, fille du sire de Haucourt, en Cambrésis [2], et en eut Jeanne Le Baudain, femme de Jean, sire de Gauchy, — et Jean Le Baudain qui suit [3] :

Baudain (Jean Le), seigneur de Villers, qualifié de chambellan, en une charte de Dainville, évêque de Cambray, délivrée aux chanoines de Wallincourt, en 1376, épousa Yolande d'Esne [4], dont il eut, d'après Rosel de Ligne, une nombreuse postérité. Carpentier, dans son *Histoire*

---

1. *Histoire de Cambray et du Cambrésis*, par Carpentier.

2. Haucourt porte : *D'or à trois pals de sable* (*Dict. hérald.*, par Ch. Grandmaison, p. 584).

3. *Histoire de Cambray et du Cambrésis*. — Jean Le Baudain, gouverneur et châtelain de Selles, est mentionné dans une charte de l'abbaye de Saint-Aubert. Dans un relief de fief situé à Fontaine, tenu de l'église métropolitaine de Cambray (1325), il est indiqué comme cousin de Beaudüin Creton, dit l'Estourmel (*Histoire de Cambray et du Cambrésis*, de Carpentier).

4. D'Esne porte : *De sable, à dix losanges d'argent, à la bordure d'or.*

de Cambray et du Cambrésis, dit ne connaître que le fils qui suit[1] :

BAUDAIN (Jean Le), qualifié chevalier, seigneur de Villers, en une charte de Baudüin de Cuvilers, grand-bailli de Cambrésis (1419), charte où figurent également Jean, son père, et Yolande d'Esne, sa mère, eut quatre enfants de son mariage avec Antoinette de Hertaing : 1° Jean Le Baudain, qui suit ; 2° Pierre Le Baudain, seigneur de Villers, mentionné avec Nicolle de Lury, sa femme, et Nicolas, son fils, dans une donation faite à l'abbaye de Saint-Aubert, en 1446. Le dit Nicolas Le Baudain, chevalier, seigneur de Villers, épousa Jacquette du Long, et fit son testament le 2 février 1469; 3° Mathias Le Baudain; 4° Nicaise Le Baudain, chanoine de Saint-Aubert de Cambray, comme on le voit par le martyrologe de cette église, où il est dit : *Sexto nono octob. commemoratio Nicasii Le Baudain, sacerdotis et canonici quondam hujus ecclesiæ decani et Johannis et Anthonicæ parentum ejus et benefactorum nostrorum, pro quo habuimus octodecim coronas... ad redditus emendos..... etc.*[2].

BAUDAIN (Jean Le), seigneur de Villers, chambellan de l'évêque de Cambrai, releva son fief de Fontaine, en 1459, après le décès de son

1. *Histoire de Cambray et du Cambrésis*, de Carpentier.
2. *Histoire de Cambray et du Cambrésis*, de Carpentier.

père. Il eut, entre autres enfants, Jean Le Baudain, seigneur de Villers, gouverneur du château de Selles, en Cambrai, qui fit hommage de son fief de Fontaine, en 1480, et épousa N. de Bayencourt[1], dont il eut cinq fils : Jean, Guillaume, Adrien, Mathias et Jacques[2].

Ces deux derniers, selon Carpentier, auraient quitté le Cambrésis pour aller s'établir à Londres. Jacques aurait eu un fils nommé Jean, et Mathias un fils du nom de Mathias, et une fille, Marie Le Baudain, qui épousa Simon Decker.

D'après le même généalogiste, Mathias Le Baudain, frère de Marie, voulut quitter l'Angleterre pour venir se fixer en Hollande avec Marguerite Courten, sa femme, et ses quatre enfants ; mais il périt dans la traversée avec un de ses fils. Des trois enfants qui survécurent, l'un, Mathieu, mourut sans hoirs ; un autre, Pierre, seigneur de Popkensburgh, épousa, en 1618, Catherine de Fourmanois ; leur sœur, Anne Le Baudain, fut mariée à Jacob Pergens.

Baudain (Thomas), seigneur de Clause, épousa (avant 1450) Marguerite de Beauffort, fille de Jacques de Beauffort IIe du nom, seigneur du Saulchoy, et de Jeanne de Bruce[3].

1. De Bayencourt porte : *D'argent, à cinq tours de gueules, en sautoir* (*Archives de la nobl. de Fr.*, par Lainé, t. IX, *Nobil. d'Artois*, p. 4).

2. *Histoire de Cambray et du Cambrésis*, par Carpentier.

3. De Beauffort porte : *D'or, à trois jumelles d'or*

Marguerite de Beauffort épousa en secondes noces (1450) Robert de Haveskercke, chevalier, seigneur de Moulins[1].

~~~~~~~~

FILIATION SUIVIE

§ I. — Baudain (de)

PREMIÈRE BRANCHE

Ier. BAUDAIN (Jean de), chevalier, seigneur de Baudain, vivait en 1326, ainsi qu'il résulte de la fondation d'un obit annuel qu'il fit dans l'abbaye de Saint-Aubert[2]. Ses deux fils et sa fille, dont les noms suivent, figurent dans la charte de fondation :

1º Jean, dont nous allons parler;

2º Jacquemart de Baudain, qui forma une deuxième branche ;

3º Marguerite, mariée à Jean de Vieuxpont[3].

IIe. BAUDAIN (Jean de), chevalier, seigneur

(*Recueil généalogique des familles orig. des Pays-Bas*, in-8, Rotterdam, 1775, p. 250).

1. *Recueil généalogique des familles orig. des Pays-Bas*, p. 250, in-8, Rotterdam, 1775.

2. Malotau dit : « l'*Abbaye de Saint-Aubin-lès-Gisors* », ce qui nous parait être une erreur. Nous ne connaissons pas d'abbaye de ce nom.

3. *Armorial de la noblesse de Flandre*, par Malotau.
VIEUXPONT porte : *D'argent, à dix annelets de gueules*, 3, 3, 3, 1. (*Arm.* de Dubuisson, II, 126).

de Baudain, eut deux enfants de son mariage avec Peronne de Guisancourt[1] :

1° Anselme, qui suit;

2° Nicolas de Baudain mort sans s'être marié[2].

IIIe. BAUDAIN (Anselme de), chevalier, seigneur de Baudain, et du Mesnil, en Laonnais, mourut sans laisser d'enfants de son mariage avec Marie de Mallet[3].

§ II. — Baudain (de)

DEUXIÈME BRANCHE

IIe. BAUDAIN (Jacquemart de), chevalier, seigneur de Villers, épousa Marguerite d'Ailly, nièce de Pierre d'Ailly, évêque de Cambrai[4]. De ce mariage, sont issus :

1° Jean, qui suit;

2° Arnould de Baudain, époux de Marie de Mallet, dont il eut une fille unique, Marion de Baudain, décédée sans alliance.

Veuve de Jacquemart de Baudain, Margue-

1. DE GUISANCOURT porte : *D'or, à la bande de sable, accompagné de deux merlettes de même.*

2. *Armorial de la noblesse de Flandre*, par Malotau.

3. *Id., ibid.*

DE MALLET (en Artois) : *D'azur, à un écusson d'or* (*Dictionn. héraldique*, par Ch. Grandmaison, p. 271).

4. D'AILLY porte : *De gueules. à deux branches d'alizier. d'argent, passées en double sautoir ; au chef échiqueté d'argent et d'azur de trois traits* (Arm. de Dubuisson, I, p. 26).

rite d'Ailly épousa en secondes noces Gilles de Rieux. Elle figure avec Jean de Baudain, fils aîné de Jacquemart et héritier de défunte Marion de Baudain, sa nièce (fille d'Arnould), dans un acte passé en 1444 devant Ogier, écuyer, prévôt de Beauquesne. Gilles de Rieux, beau-père dudit Jean de Baudain, est aussi mentionné dans cet acte [1].

IIIe. Baudain (Jean de), chevalier, seigneur de Villers, conseiller et chambellan du duc de Bourgogne, épousa, par contrat du 12 mai 1416, passé à Cambrai, Catherine d'Esne, fille de Ferry d'Esne, chevalier, seigneur de Bettencourt, bailli d'Amiens, et de Colette de Beaussart [2]. Marguerite d'Ailly, mère de l'époux, Colette de Bettencourt, mère, et Ferry et Jean d'Esne, frères de l'épouse, ainsi que Jean de Beaussart, oncle de cette dernière, comparurent à la rédaction du contrat de mariage.

Jean de Baudain laissa trois enfants :

1º Jean, qui suit ;

2º Gilles de Baudain, chevalier ;

3º Marie [3].

IVe. BAUDAIN (Jean de), chevalier, eut trois fils de son mariage contracté en 1458, avec Avoise de Habart, fille de Philippe de Habart,

1. *Armorial de la noblesse de Flandre*, par Malotau.

2. D'ESNE DE BETTENCOURT porte : *De sable, à dix losanges d'argent ; à la bordure d'or.*

3. *Armorial de la noblesse de Flandre*, par Malotau.

dit Payen, seigneur de Habart, et de Jeanne de Beaufort[2].

1º Laurent, qui suit;

2º Jean, dont nous parlerons au § III;

3º Eustache de Baudain, prêtre de Sainte-Geneviève, à Paris.

Avoise de Habart, veuve de Jean de Baudain, fit, en 1489, son testament dans lequel figurent, outre ses trois enfants, Marguerite de Soyecourt et Maximilienne de Creton, ses belles-filles, Gilles de Habart, cousin d'Avoise, et Colart de Habart, son oncle[3].

Vᵉ. Baudain (Laurent de), chevalier, seigneur du Mesnil, n'eut de son mariage avec Marguerite de Soyecourt qu'une fille unique, Antoinette, dame du Mesnil, mariée en 1546 à Jean de Wasquehal, chevalier, seigneur de Wasquehal[4].

§ III. — Baudain (de)

TROISIÈME BRANCHE

Vᵉ. BAUDAIN (Jean de), chevalier, seigneur de Villers, de Cagnicourt, mourut en 1520, et

1. HABART ou HABARCQ (en Artois) porte : *Fascé d'or et d'azur de 8 pièces.*

2. *Armorial de la noblesse de Flandre*, par Malotau.

3. *Armorial de la noblesse de Flandre*, par Malotau.

4. WASQUEHAL porte : *D'or, au pélican et sa piété, de sable.*

fut enterré à Villers. — Il avait épousé Maximilienne[1] de Creton, dame de Manville, fille de Jean de Creton, seigneur de Manville et de Revelon, et de Béatrix Le Sellier[2].

De ce mariage sont issus ;

1º Nicolas, qui suit;

2º Jean de Baudain, tué à la bataille de Saint-Quentin ;

3º Agnès de Baudain, mariée à Jean de Bailleul, veuve en 1544[3] ;

4º Maximilienne, religieuse à Flême.

On ignore l'époque de la mort de Maximilienne de Creton, femme de Jean de Baudain ; nous savons seulement qu'elle fut inhumée dans l'église des Dominicains de Douai. Elle était sœur de Jean de Creton, seigneur de Manville, époux de Marie Boulanger, et père d'Henriette de Creton, dame de Manville, décédée sans enfants en 1530[4].

VIᵉ. BAUDAIN (Nicolas de), chevalier, sei-

1. *Maxilence*, d'après le P. Anselme, III, 594. — *Maxellence*, d'après Carpentier.

2. Carpentier donne, pour femme, à Jean de Creton, Marie Le Boullenger.

CRETON-MANVILLE porte : *De gueules, à trois lions naissants d'or*, 2, 1 (*la Véritable Origine de la très illustre maison de Sohier*, Leyde, 1651).

3. DE BAILLEUL (en Artois) porte : *D'argent, à la bande de gueules* (*Dictionn. hérald.*, par Ch. Grandmaison, p. 42).

4. *Armorial de la noblesse de Flandre*, etc., par Malotau. — *Hist. généalogique et chronologique de la maison de France*, par les PP. Anselme et Simplicien, III, 594.

gneur de Villers, de Cagnicourt, de Manville [1], épousa, en 1528, Adrienne de Neufville, dame de Neufville [2], veuve de Jacques d'Esclaibes, chevalier, seigneur d'Epinoy, du Val, de Trasignies, et fille de Guillaume Ghossebt, seigneur de Neufville, de Mesnage, et de Humaine de Le Saulx. De ce mariage sont issus :

1º Jacques, qui suit ;

2º Abraham, auteur des de Bodin de Boisrenard, dont nous parlerons au § IV [3].

VIIᵉ. BAUDAIN OU DE BODIN (Jacques de) [4], chevalier, seigneur de Manville, de Villers, de Cagnicourt, de Revelon, de Neufville, baron de Wagnonville, de Mesnage, etc., épousa : 1º Michelle de Montmorency, fille de Jean de Montmorency, baron de Wastines, seigneur de Bersies, écuyer et premier échanson de Philippe II, archiduc d'Autriche, depuis roi d'Espagne, et de Anne de Blois [5] ; 2º Anne de

---

1. Ce degré a été omis par Carpentier et les PP. Anselme et Simplicien, qui indiquent Jean de Baudain (Vᵉ degré) comme étant père de Jacques de Baudain (VIIᵉ degré), tandis qu'il était son grand-père.

2. DE NEUFVILLE (en Artois) porte : *D'or fretté de gueules* (la *Véritable Origine de la très illustre maison de Sohier*, Leyde. 1651).

3. *Armorial général de France*, par d'Hozier, reg. 1ᵉʳ, 1ʳᵉ partie, p. 72. — *Arm. de France*, par d'Auriac. — *Arm. de la nobl. de Flandre*, par Malotau.

4. Le nom de ce gentilhomme est écrit DE BODIN dans la maintenue de noblesse du 24 août 1702 dont nous publierons plus loin le texte.

5. DE MONTMORENCY (seigneurs de Courrières) portent : *D'or à la croix de gueules cantonnées de seize*

Longueval, fille de François de Longueval[1], seigneur des Couvres et des Planques, et de Jacqueline de Bournel.

Du premier lit sont issus :

1º François de Baudain, mort sans alliance avant 1599 ;

2º Marie de Baudain, dite de Manville, dame de Courrières, mariée : 1º à Hughes de Bournel, chevalier, seigneur d'Estienbecq, de Mouchy, etc., gouverneur de Bapaume, de Douai, de Lille et d'Orchies, fils de Floris de Bournel, seigneur de Namps, et de Catherine de Riencourt[2] ; 2º à François d'Ongnies, chevalier, seigneur de Coupigny[3].

Du second mariage sont issus :

1º Remond (ou Renom) de Baudain, qui suit ;

2º Adrien de Baudain, seigneur de Wagnon-

---

alérions d'azur, la croix chargée en cœur d'une étoile à six rais d'argent.

1. D'après Carpentier, Jacques de Baudain aurait épousé Anne de Longueval en premières noces, et Michelle de Montmorency en secondes.
DE LONGUEVAL (Picardie) porte : Bandé de gueules et de vair (Arm. de Dubuisson, I, 74).

2. BOURNEL (en Artois) porte : D'argent, à un écusson de gueules accompagné de 8 perroquets de sinople, en orle (Dict. hérald., par Ch. Grandmaison, p. 272. — Arm. de Dubuisson, I, 74).

3. Histoire gén. de la mais. de Fr., par les PP. Anselme et Simplicien, VIII, 156. — Carpentier et Malotau, loco dicto.
D'ONGNIES (Artois et Pays-Bas) porte : De sinople, à la face d'hermines (Archiv. de la nobl. de Fr., par Laîné, IX, Nobil. d'Artois. — Hist. gén. de la mais. de Fr., par le P. Anselme, IX, 100-121).

ville, gentilhomme de la bouche de l'archiduc Albert, mort sans alliance, en 1615 ;

3° Honorine de Baudain, mariée à Adrien de Lannoi, chevalier, seigneur de Wasmes [1] ;

4° Hélène de Baudain (nommée Marie par Carpentier), femme d'Eustache d'Ongnies, seigneur de Gruson, gouverneur de Hesdin ;

5° Anne de Baudain, mariée à Philibert-Charles de Martigny, seigneur de Rinoxsart et de Beauriers ;

6° Jossinne, religieuse à l'abbaye de Marquettes ;

7° Louise, religieuse dans le même monastère.

Jacques de Baudain est qualifié de chevalier, seigneur de Manville, dans une transaction passée devant Jean Eve, notaire apostolique et impérial à Lille, le 25 août 1559, entre lui et son frère, Abraham de Bodin [2]. Il est mentionné dans des extraits de la Chambre des Comptes, de 1558-1559-1564-1567-1585, ainsi que dans un transport fait en double, devant les notaires du Châtelet de Paris, le 20 décembre 1559, par noble homme Abraham de Bodin, écuyer, au profit du nommé Vaslin, de la somme de

1. *Hist. gén. de la mais. de Fr.*, par les PP. Anselme et Simplicien, VIII, 81.

LANNOI (orig. de Flandre) porte : *D'argent, à trois lions de sinople, armés, lampassés de gueules et couronnés d'or* (*Dict. hérald.*, par Ch. Grandmaison, p. 525).

2. Maintenue de noblesse du 24 août 1702, dont nous donnerons plus loin le texte.

1.000 florins, qui lui était due par ledit Jacques de Bodin, écuyer, seigneur de Manville, son frère [1]. Il figure encore dans un acte de 1577, cité par Carpentier et qui faisait autrefois partie des archives des châteaux de Bersies et d'Estaines [2].

En 1585, Jacques de Bodin fut présent au contrat de mariage d'Adrien de Gomiecourt et de Philipote de Montmorency, fille de François de Montmorency, seigneur de Bersies. Dans cet acte, il est qualifié de bel-oncle maternel de l'épouse, et de père de Marie de Baudain, dame de Courrières, femme de François d'Ongnies, sire de Coupigny [3].

Jacques de Bodin mourut le 29 mars 1599; — sa seconde femme, Anne de Longueval, mourut en 1611. L'un et l'autre furent enterrés dans l'église des Récollets de Douai [4].

Jacques de Bodin et Michelle de Montmorency, sa première femme, avaient fait don d'un vitrail à l'église de Bersies, près Douai. Sur ce vitrail on voyait représentées les armes des donateurs, ayant pour cimier une licorne [5].

VIIIᵉ. BAUDAIN (Remond ou Renom de),

1. Maintenue de noblesse du 24 août 1702.
2. *Hist. de Cambray et du Cambrésis*, par Carpentier.
3. *Hist de Cambray et du Cambrésis*, par Carpentier.
4. *Armorial de la noblesse de Flandre*, par Malotau.
5. *Recueil des anciens tombeaux, épitaphes, etc., des églises des Pays-Bas* (Manuscrit de Malotau, n° 888, Catalogue de M. Dutillet de Villerode).

3

chevalier, seigneur de Manville, de Villers, de Cagnicourt, de Revelon, de Wagnonville, chambellan héréditaire des comté et évêché de Cambrai, épousa : 1º Catherine de Longueval, fille de Louis de Longueval, chevalier, seigneur de Tenelles, et de Walburge de Wissocq ; 2º Hélène de Créquy, fille de Louis de Créquy [1], chevalier, seigneur de Vroylandt, et de Anne de Vignacourt ; 3º Anne de Courteville [2].

Cette troisième femme de Remond de Baudain, mentionnée dans le *Nouveau Vrai Supplément aux deux volumes du Nobiliaire des Pays-Bas et de Bourgogne*, n'est pas indiquée dans le travail généalogique de Malotau. Dans le même ouvrage, le prénom de Remond de Baudain est écrit Renom.

Du premier mariage de Remond de Baudain sont issus :

1º Charles de Baudain, qui suit ;

2º François de Baudain de Villers, capitaine de cavalerie, en Bohême, mort sans alliance en 1617 ;

3º Antoine de Baudain, seigneur d'Esquerchin, décédé sans s'être marié ;

---

1. DE CRÉQUY porte : *D'or, au créquier de gueules* (*Arm.* de Dubuisson, I, p. 116).

2. *Le Nouveau Vrai Supplément aux deux volumes du Nobiliaire des Pays-Bas et de Bourgogne*. La Haye, 1774, in-12.

COURTEVILLE (Picardie) porte : *D'or, à la croix ancrée de gueules* (*Dict. hérald.*, par Ch. Grandmaison, p. 219).

4° Anne de Baudain, mariée en 1628 à Charles de Coupigny, seigneur de Salau ;

5° Marie de Baudain, religieuse à l'abbaye de Marquettes ;

6° Iolande de Baudain, religieuse dans le même monastère.

Remond de Baudain fit son testament en 1618 [1]. Il mourut en 1623 et fut enterré, ainsi que ses deux premières femmes, Catherine de Longueval (celle-ci décédée le 27 octobre 1610) et Hélène de Créquy, dans l'église des Récollets, à Douai [2].

IX°. BAUDAIN (Charles de), chevalier, seigneur de Villers, de Cagnicourt, de Manville, laissa, de son premier mariage avec Hélène de Haxnin, fille de Jean de Haxnin, seigneur de Maisnil, du Breuc, etc., et de Gabrielle de Buissy :

1° Antoine-Maximilien, qui suit ;

2° N., seigneur de Manville, décédé sans enfants ;

3° N., mariée à N. de Croix, dit Quieret, seigneur d'Estvayolles [3].

X°. BAUDAIN (Antoine-Maximilien de), chevalier, seigneur de Manville, mourut en 1673, sans laisser d'enfants de deux mariages qu'il avait contractès. Le nom de sa première femme est inconnu. La seconde fut N. de Montmorency,

1. *Le Nouveau Vrai Supplément aux deux volumes du nobiliaire des Pays-Bas et de Bourgogne.*

2. *Arm. de la noblesse de Flandre, etc.*, par Malotau.

3. *Arm. de Flandre, etc.*, par Malotau.

fille de Guillaume de Montmorency, seigneur de Neufville, de Wistache, de Mercastel, etc..., gouverneur de Lens, et de Marie de Montoya, vicomtesse de Roulers[1].

§ IV. — De Bodin de Boisrenard

QUATRIÈME BRANCHE

VIIº. BODIN ou BAUDIN (Abraham de), écuyer, seigneur de Boisrenard, second fils de Nicolas de Baudain, chevalier, seigneur de Villers, de Cagnicourt et de Manville, et d'Adrienne de Neufville (§ III et VIᵉ degré)[2], fut le premier de la famille de Bodin qui vint s'établir en Blaisois. Il acheta dans cette contrée (avant 1577) la terre de Boisrenard, dont il rendit hommage, le 1ᵉʳ janvier 1578, à la reine Catherine, à cause de sa châtellenie de Beaugency. Le 25 août 1559, il avait passé une transaction, ainsi qu'on l'a dit plus haut, avec Jacques de Bodin, son frère, devant Jean Eve, notaire apostolique et royal à Lille. Il est mentionné comme père de Jacques de Bodin, écuyer, seigneur de Boisrenard, dont il sera parlé ci-après, dans un acte de foi et hommage rendu par ce dernier, le 20 août 1605[3].

1. *Arm. de Flandre, etc.*, par Malotau — *Arm. de la nobl. de Fr.*, par d'Auriac

2. *Armorial général de France*, par d'Hozier, reg. 1ᵉʳ, Iʳᵉ partie, p. 72.

3. Maintenue de noblesse du 24 août 1702, ci-après transcrite.

Abraham de Bodin épousa Eléonore Le Hucher, dont il eut :

  1º Jacques, qui suit ;

  2º Jean de Bodin, écuyer, mort au service.

Eléonore Le Hucher, devenue veuve d'Abraham de Bodin, épousa, en secondes noces,
Jean Rouard, écuyer, seigneur de Bouillonville.

VIIIᵉ. Bodin (Jacques de), écuyer, seigneur
de Boisrenard, capitaine-gouverneur du château de Chambord (par provisions du roi
Henri IV, du 20 juin 1605), prêta serment pour
cette charge et fit enregistrer ses lettres à la
Chambre des Comptes de Blois, les 6 juillet 1605
et 9 mars 1606[1]. Le 20 août 1605, il fit hommage du fief de Boisrenard, en sa qualité d'héritier de défunt Abraham de Bodin, son père[2].
Par lettres de cachet de Gaston, fils de France,
frère unique du roi, signées : Gaston, et plus
bas, pour monseigneur : Goubart, il obtint un
laissez-passer, dans lequel il est qualifié de
gentilhomme d'Etat de l'apanage dudit Gaston[3].
Il est mentionné avec la qualité d'écuyer et de
capitaine du château de Chambord dans le contrat de mariage de son fils, Jean de Bodin, du
26 août 1640, et aussi dans le contrat de ma-

---

1. Maintenue de noblesse du 24 août 1702. — *Arm.*
de d'Hozier.

2. Maintenue de noblesse du 24 août 1702. — *Arm.*
de d'Hozier.

3. Maintenue de noblesse du 24 août 1702 (*Armorial*
de d'Hozier*).

riage de son second fils, François de Bodin, écuyer, du 30 janvier 1649 [1].

De son mariage, contracté le 2 octobre 1607, avec Jacquette de Marinoz [2], fille de Gilles de Marinoz, écuyer, seigneur des Brosses, et de N. Redouté, Jacques de Bodin, eut cinq enfants :

1° Jean de Bodin, écuyer, capitaine-gouverneur du château de Chambord, marié le 26 août 1640 à Marguerite de Gratemesnil, fille de Gabriel de Gratemesnil [3], écuyer, seigneur de Vaugouin et de la Vinière, et de Marguerite du Four : il en eut Antoinette, qui se fit religieuse. Il fonda, en 1650, la chapelle de l'église de Nouans, paroisse de Boisrenard, et décéda en 1653.

Sa veuve paraît s'être retirée à Blois.

2° François, qui suit ;

3° Henri de Bodin, tué, en 1636, au siège de Corbie ;

4° Eléonore de Bodin, mariée à Simon Chauvel [4], président et lieutenant-général à Blois ;

5° Marie de Bodin, femme de Louis Le Chat, seigneur de Thenay [5].

1. *Id.*, *ibid.*

2. Titres originaux (1632-1635-1653).

3. GRATEMESNIL (de) porte : *Vairé d'azur et d'argent, au chef de gueules chargé d'un lion léopardé d'or, armé et lampassé d'azur.*

4. CHAUVEL (Orléanais) porte : *D'or à l'arbre de sinople accosté de deux croissants de gueules* (Dictionnaire héraldique, p. Ch. Grandmaison, p. 36).

5. *Arm. de la noblesse de Fr.*, par d'Auriac.

LE CHAT porte : *D'argent, à trois faces de gueules accompagnées de sept merlettes de sable,* 2, 2, 2, 1.

IXe. Bodin (François de), écuyer, seigneur de Boisrenard et de Villeflanzy, fut déchargé, en sa qualité de gentilhomme, des taxes qui avaient été imposées sur ses fiefs (Arrêt de la Chambre souveraine sur le fait des francs-fiefs, du 26 mai 1660)[1]. Il mourut en 1673, laissant trois enfants de son mariage, contracté, le 30 janvier 1649, avec Marguerite *de* Bugy[2], fille de noble homme Louis de Bugy, seigneur de Troussay, conseiller du roi et contrôleur des greniers à sel de Blois et de Mer, et de Marie Guérin-Bugy[3] :

1° Louis, qui suit;

2° Jacques de Bodin, seigneur de la *Corbillière*[4], mort des blessures qu'il avait reçues au siège de Mayence;

3° François de Bodin, seigneur de Vaux, auteur de la branche de Bodin de Vaux, dont nous parlerons plus loin.

Par ordonnance de Morin, intendant de la généralité d'Orléans, du 9 août 1673, Marguerite de Bugy, veuve de François de Bodin, fut maintenue, au nom et comme ayant la garde noble de ses enfants, dans les privilèges et exemptions accordés à la noblesse, et déchar-

---

1. *Arm. de la noblesse de Fr.*, par d'Auriac (généal. de Bodin). — Maint. de noblesse du 24 août 1702.

2. Signe M. Bugy (titre de 1683).

3. *Arm. de la noblesse de Fr.* — *Arm. gén.* de d'Hozier. Bugy porte : *D'azur, à l'arbalète en bande chargée de son carquois en sautoir, le tout d'or.*

4. *La Corbillière* est à la porte de Mer.

.gée de la taxe imposée sur ses fiefs pour rai-
.son des droits de francs-fiefs[1].

X[e]. BODIN (Louis de), écuyer, seigneur de
Boisrenard, obtint un brevet de cornette,
le 7 mai 1675, servit en cette qualité dans
l'escadron de la noblesse, tant du bailliage de
Blois que de celui de Chartres (brevets et certificats des 20 septembre 1675, 25 octobre 1676,
29 mars 1677, 14 juin 1690, 18 mai 1692,
31 mars 1702), et fut ensuite capitaine au régiment de Nettencourt (devenu Mailly-de-la-
Houssaye)[2].

Louis de Bodin et François de Bodin de
Vaux, son frère, furent maintenus dans leur
noblesse par ordonnance du marquis de Bouville, conseiller d'État et intendant de justice,
police et finances de la généralité d'Orléans,
en date du 24 août 1702.

Cette ordonnance de maintenue, écrite sur
parchemin[3], fait partie des archives de la
famille de Bodin. Elle est ainsi conçue :

Inventaire et titres de noblesse que mettent et pro-
duisent pardevant vous, Monseigneur, le marquis de
Bouville, chevalier, seigneur marquis de Bizy et de
Clere Pannillaize, conseiller d'Etat, intendant de
justice, police et finances de la généralité d'Orléans,
Louis de Bodin, escuyer, sieur de Boisregnard, et

1. Maintenue de noblesse du 24 août 1702.
2. Maintenue de noblesse du 24 août 1702. —
Arm. de la nobl. de Fr., par d'Auriac. — Archives
du ministère de la guerre.
3. Original au château de Parpacé, près Baugé
(Maine-et-Loire), en 1907.

François de Bodin, escuyer, sieur de Vaux, frères, pour satisfaire aux assignations qui leur ont esté données le vingt-six juin mil six cent quatre-vingt-dix-huit, à la requeste de Mre Estienne Dieudonné, chargé de l'exécution de la déclaration de Sa Majesté, du quatre septembre mil six cent quatre-vingt-seize, contre les usurpateurs du titre de noblesse, pour raporter les titres en vertu desquels ils prennent la qualité d'escuyers, défendeurs;

Contre Me François Ferrand, subrogé au lieu et place du dit Dieudonné, demendeur;

Pour a quoy satisfaire vous représentent très-humblement, Monseigneur, les dits Louis de Bodin et François de Bodin, qu'ils sont issus de défunts François de Bodin et de damoiselle Marguerite Bugy, leurs père et mère; que le dit François de Bodin estoit fils de Jacques de Bodin et de damoiselle Jaquette de Marivest et que le dit Jacques estoit fils d'Abraham de Bodin et de damoiselle Leonnore Le Hucher.

Pour la justification de quoy raportent, première-ment :

Une transaction passée devant Jean Eve, nottaire apostolique et impérial à l'Isle, en datte du vingt-cinq aoust mil cinq cent cinquante neuf, entre nobles Jaques de Bodin, chevallier, seigneur de Mainville, et Abraham de Bodin, son frère;

Extraits tirez de la chambre des comptes de l'Isle, des comptes y rendus pour les années mil cinq cent cinquante huit, 1559, 1564, 1567 et mil cinq cent quatre-vingt-cinq, par lesquels le dit Jaque de Bodin y est quallifié escuyer, sieur de Mainville et de Villairs;

Transport fait en double passé devant les nottaires au Chatelet de Paris le vingt décembre mil cinq cent cinquante neuf, par noble homme Abraham de Bodin, escuyer, au proffit du nommé Vaslin, de la somme de mil florins qui luy est deue par noble homme Jaque de Bodin, chevalier, seigneur de Mainville, son frère;

Un acte de port de foy et hommage rendu à la reyne Caterine, duchesse d'Orléans, le premier janvier mil cinq cent soixante dix-huit, signé par la Reyne mère du roy, Champion, par Abraham de Bodin, escuyer, seigneur de Boisregnard;

4

Lettres de provisions du roy, de l'Estat et office de gouverneur et capitaine du château de Chambort sous les noms de Jean de Rouard, escuyer, sieur de Bouillonville, et de Jaques de Baudin, escuyer, sieur de Boisregnard, son beau-fils, du vingt juin mil six cent cinq, signées Henry, et sur le reply, par le Roy, de Neuville, à costé duquel sont les prestations de serment et enregistrement de la Chambre des comptes de Blois, du six juillet mil six cent cinq et neuf mars mil six cent six ;

Acte de foy et hommage fait par Jaque de Bodin, escuyer, sieur de Boisregnard, capitaine et directeur du chateau de Chambort, pour raison du dit lieu de Boisregnard, en qualité d'héritier de défunt Abraham de Bodin, son père, du vingt août mil six cent cinq ;

Lettres de cachet de défunt Gaston, fils de France, frère unique du roy, du douze octobre mil six cent trente six, signées Gaston, et plus bas, par Monseigneur Goulart, par lequel il ordonne de laisser seurement passer le seigneur de Boisregnard, gentilhomme d'Estat de son apanage ;

Le contrat de mariage passé devant Bertellemy, nottaire royal à Blois, entre Jean de Bodin, escuyer, capitaine du château de Chambort, fils de Jaques de Bodin, escuyer, seigneur de Boisregnard, naguère capitaine du dit château de Chambort, et de damoiselle Jaquette de Marivest, ses père et mère, lequel Jean de Bodin estoit assisté de François de Bodin, escuyer, son frère, en date du vingt-six aout mil six cent quarante ;

Le contrat de mariage passé devant De Lespine, notaire à Blois, le trente janvier mil six cent quarante neuf, entre le dit François de Bodin, escuyer, sieur de Villeflansy, fils de Jaque de Baudin, escuyer, sieur de Boisregnard. et de damoiselle Jaquette de Marivest, ses père et mère, avec damoiselle Marguerite Bugy ;

Le contrat de mariage passé devant Malécot, notaire au dit Blois, le vingt-huit janvier mil six cent quatre vingt, entre Louis de Bodin, escuyer, seigneur de Boisregnard, fils de feu François de Bodin, vivant, escuyer, seigneur du dit lieu, et de dame Marguerite

Bugy, ses père et mère, avec damoiselle Magdeleine
Mercier, par lequel il paroist que le dit Louis de
Bodin estoit assisté de François de Bodin, escuyer,
seigneur de Vaux. son frère ;

Arrest de la Chambre souveraine sur le fait des
francs-fiefs, en datte du vingt six may mil six cent
soixante, par lequel François de Bodin, escuyer, sieur
de Boisregnard, est déchargé des taxes faites sur ses
fiefs pour raison des dits droits ;

Ordonnance de M. Morin, intendant de la généralité
d'Orléans, du neuf aoust mil six cent soixante treize,
par laquelle Marguerite Bugy, veuve du défunt François de Bodin, escuyer, sieur de Boisregnard, au
nom et comme ayant la garde noble des enfants du
dit défunt et d'elle. est ordonné qu'elle jouira des
privilèges et exemptions accordées aux nobles, et en
conséquence est déchargée de la taxe faite sur ses
fiefs, pour raison des droits de francs-fiefs ;

Ordonnance des commissaires généraux du Conseil,
du huit aout mil six cent quatre vingt seize, par
laquelle Louis de Bodin, escuyer, sieur du Boisregnard, est déchargé du droit de francs-fiefs ;

Brevet de cornette sous le nom du seigneur de
Boisregnard, du sept may mil six cent soixante quinze,
plusieurs certificats de services et nominations du dit
seigneur de Boisregnard, en qualité de cornette dans
l'esquadron de la noblesse, tant du bailliage de Blois
que de Chartres. des 20 septembre au dit an 1675,
25 octobre 1676, 29 mars 1677, 14 juin 1690, 18 may 1692,
et celluy du trente-un mars mil sept cent deux du gouverneur de Loudun, portant que le sieur de Boisregnard est lieutenant au régiment de Netencourt,
lequel seigneur de Boisregnard est fils du dit Louis
de Bodin, escuyer, seigneur de Boisregnard ;

Et finallement produisent, les dits Louis et François
de Bodin, le présent inventaire et concluent à ce qu'il
vous plaise, Monseigneur, les renvoyer de la demande
du dit Dieudonné, et en conséquence les maintenir
en la qualité de noble et d'escuyer et ensemble leurs
enfants nez et à naistre. — Signé : Couze. — L. de
Bodin de Boisrenard.

Veu par nous, conseiller d'Estat et intendant de la

généralité d'Orléans, les titres et pièces énoncées
en l'inventaire cy joint représenté par Louis de Bodin,
escuier, seigneur de Boisregnard, et François de
Bodin, escuyer, seigneur de Vaux, frères, pour satisfaire à la déclaration du roy du 4° septembre 1696,
arrests et règlements rendus en conséquence, contredits de M⁰ François Ferrand, subrogé au lieu et place
de M⁰ Estienne Dieudonné cy devant chargé par Sa
Majesté de la recherche des usurpateurs du titre et privilége de noblesse en cette généralité, responce au
susdit contredits, conclusions du procureur du roy en la
commission, ausquels le tout a esté communiqué et
tout considéré.

Nous, conseiller d'Estat et intendant susdit, avons
donné acte ausdits sieurs Louis et François de Bodin,
frères, de la représentation des susdits titres, et en
conséquence les avons deschargés des assignations
à eux données à la requête du dit Dieudonné, pour
jouir par eux, ensemble leurs enfants nais et à naistre
en loyal mariage, de tous les privilèges, honneurs et
exemptions dont jouissent les autres gentilshommes
du royaume, tant et si longuement, qu'ils vivront
noblement et ne feront acte de dérogeance. Ce fait,
les dits titres et pièces ayant esté paraphez de nostre
secrétaire, ont esté rendus au sieur Louis de Bodin.
Fait à Orléans, le vingt quatre aoust mil sept cent
deux. Signé : Jubert; par Monseigneur : Bechade.

Le dit jour, vingt-quatre d'aoust mil sept cent deux,
la présente ordonnance a esté signiffiée à M⁰ Jaque
Beaulieu c. p. du dit Ferrand en son domicille, par-
lant à..... affin qu'il n'en ignore. Signé : Lasne.

Louis de Bodin fut encore maintenu avec
François de Bodin, son frère, dans la qualité
de noble et d'écuyer, par jugement des commissaires généraux du Conseil, du 22 juillet 1706.
« Les titres énoncés dans ce jugement, lisons-
nous dans l'*Armorial général* de d'Hozier
(Registre 1ᵉʳ, 1ʳᵉ partie, page 72), établissent la

noblesse depuis Nicolas Bodin, son trisaïeul, Ec., seigneur de Villers et de Mainville, en Artois, vivant avec Adrienne Neuville, sa femme, avant l'an 1528. »

Louis de Bodin céda à M. de Saumery la charge de gouverneur et capitaine des chasses de Chambord, et se réserva la lieutenance des chasses, qui a été conservée dans la famille jusqu'à la Révolution [1].

Il épousa, le 28 janvier 1681, Madeleine Mercier, fille de noble homme N. Mercier, seigneur du Breuil, chef du Gobelet du roi, et de Magdeleine Druilloy. De ce mariage sont issus :

1° Louis, qui suit ;

2° Ange de Bodin, eut, en 1711, la compagnie de son frère aîné Louis, obligé de se retirer du service, pour cause de blessures ; Ange de Bodin fut tué au siège de Landau en 1713 [2] ;

3° Joseph de Bodin de Galembert [3], dit le chevalier de Boisrenard, auteur de la branche de Bodin de Galembert (voir plus loin), eut en 1713 la compagnie de son frère Ange ;

4° Anne-Marguerite de Bodin, mariée le 9 mai 1712 à Gaspard de Tascher de la Pagerie [4], dont le fils, résidant à la Martinique, fut père

---

1. *Armorial de la noblesse de France*, par d'Auriac.
2. *Armorial de la noblesse de France*, par d'Auriac.
3. Galembert est un fief, près de Boisrenard.
4. TASCHER DE LA PAGERIE porte : *D'azur, à trois bandes de gueules, chargées chacune de trois flanchis (petits sautoirs) d'argent* (*Essai sur l'Armorial du dioc. du Mans. Annuaire de la Sarthe*, 1840, p. 222).

de Joséphine de Tascher de la Pagerie, femme de Napoléon Ier, empereur des Français[1].

XIe. Bodin (Louis de), chevalier, seigneur de Boisrenard, cadet en 1699 au régiment d'infanterie de Nettancourt (devenu Mailly-la-Houssaye en 1704 et Beuil en 1708), capitaine le 29 juin 1707, lieutenant des chasses de Chambord, chevalier de Saint-Louis, quitta le service en 1711, pour cause de blessures. Ses campagnes sont indiquées dans les archives du ministère de la guerre : bataille d'Hochstett; sièges de Kell et d'Augsbourg; défense de Landau. Le 20 juin 1713, il épousa Anne-Marguerite de Laiglhoult, ou (Laiglehout)[2] dont il eut :

1° Louis de Bodin, prêtre, prieur de Lorges, en Blaisois. Par acte de juin 1763, il céda son droit d'aînesse à François, son frère. Il mourut à Beaugency[3];

2° Anne-Madeleine de Bodin, décédée à Beaugency, après 1771 ;

3° François, qui suit;

4° Gaspard de Bodin de Galembert, né le 30 octobre 1724, à Boisrenard, filleul de messire Gaspard de Tascher, chevalier, seigneur de la Pagerie, son oncle (voir plus loin) ;

---

1. Le mariage d'Anne-Marguerite de Bodin et de Gaspard de Tascher de la Pagerie est mentionné dans l'*Arm. gén. de Fr.* de d'Hozier, reg. 1er, IIe partie, p. 533.
2. On trouve dans les titres les deux orthographes.
3. *Armorial de la noblesse de France*, par d'Auriac.

5° Joseph de Bodin, né à Boisrenard, le 27 octobre 1725, tué à l'affaire de l'Assiette, le 19 juillet 1747 ;

6° Ange de Bodin, lieutenant au régiment de la Marche-Prince[1].

XIIe. BODIN (François de), chevalier, seigneur de Boisrenard, né à Boisrenard, le 1er juillet 1723, baptisé le 3 dans l'église de Nouant-sur-Loire : parrain, François de Bodin de Vaux[2], lieutenant au régiment de Nivernais ; marraine, Thérèze de Bodin de Boisrenard, ses oncle et tante.

Etats de service de *François de Bodin* relevés aux Archives du Ministère, registres du régiment de Pons (devenu Marsan, Bouzols, Mailly, Talaru, Chastellux et Guyenne) : enseigne, le 18 mai 1733 ; lieutenant, le 1er novembre 1733 ; capitaine, le 27 août 1740 ; capitaine de grenadiers, le 25 mars 1757 ; commandant de bataillon, le 18 janvier 1760 ; réformé pour blessures, le 10 décembre 1762 ; chevalier de Saint-Louis, en 1747 ; blessé à Rosbach (5 décembre 1757)[3] : à la suite de cette blessure il a reçu une gratification de 500 livres et une pension de 200 livres ; 28 avril 1764, pension de réforme portée à 800 livres ; 1er août 1779, pension de réforme liquidée à 917 livres.

1. *Armorial de la noblesse de France*, par d'Auriac.
2. Devenu maréchal de camp et gouverneur de Belle-Isle-en-Mer.
3. En même temps que son oncle Joseph et son frère Gaspard.

François de Bodin de Boisrenard fut, comme ses ancêtres, officier de la capitainerie du château royal de Chambord ; il épousa, par contrat du 4 juillet 1763, Marie-Charlotte-Adélaïde de la Taille [1] ; de ce mariage sont issus :

1° Louis-Joseph, qui suit ;

2° Alexandre-François, marié en 1783 à demoiselle Benoit, dont il eut :

A. Alexandre de Bodin de Boisrenard ;

B. Hortense de Bodin de Boisrenard ;

C. Julie de Bodin de Boisrenard ;

D. Alexandrine de Bodin de Boisrenard ;

E. Joseph de Bodin de Boisrenard.

Par suite d'arrangements de famille, Alexandre-François était venu en possession du château de Chantecaille près Mer, à lui cédé par son cousin Louis-Joseph de Bodin de Vaux, décédé à Vendôme en 1799 : la veuve de ce dernier, née Tullières (depuis Mᵐᵉ de Meaussé, abandonna ses droits d'usufruit sur la terre de Chantecaille. Alexandre-François y mourut en 1807. Aucun de ses cinq enfants n'eut de postérité. Sa fille Julie, restée la dernière, mourut en 1878, laissant Chantecaille à son neveu Clovis de Bodin de Boisrenard, fils de son cousin germain ;

3° Gaspard-Constant, auteur de la septième branche (Voir plus loin)

---

1. DE LA TAILLE porte : *De sable au lion grimpant d'or, couronné de même devise : virtus fidesque corona.*

XIIIe. Bodin de Boisrenard (Louis-Joseph de), né à Angerville le 5 août 1764, élève des Écoles militaires, sous-lieutenant au régiment de Guyenne, le 19 avril 1782, a abandonné en 1792, ne paraît pas avoir émigré.

En 1814, il demanda la croix de Saint-Louis : cette demande fut écartée, probablement parce qu'il n'avait pas émigré.

Louis-Joseph épousa en premières noces Benoite Metrat de Sainte-Foix[1], et en secondes noces Angélique de Fougeroux[2].

Du premier lit, est né :

1º Pierre-Elisabeth-Victor, marié en 1812 à N. de Courcy[3] dont il eut :

A. Paul, décédé sans hoirs, le 6 mai 1846.

B. Valentine, mariée à N. Berthier de Grandry[4], de Bourgogne ; de ce mariage sont issus deux enfants : un fils, qui a épousé Mlle de Fougères, et une fille, mariée à M. de Bengy de Puyvallée[5].

1. Sainte-Foix porte : *Mi-parti d'azur au chevron d'or ; au chef d'argent, chargé de trois rosettes d'azur ; mi-parti de gueules à une tour d'or.*

2. Fougeroux (de) porte : *D'azur, à trois genettes d'argent superposées.*

3. Roussel de Courcy porte : *D'argent, à deux jumelles de sinople, accompagnées au milieu de l'écu de deux cotices en bande d'azur, et à la pointe de deux cotices en barre de même.*

4 Berthier de Grandry porte : *D'azur, au chevron d'argent avec trois étoiles d'or en chef, et un lion grimpant d'or en pointe.*

5. De Bengy de Puyvallée (Berry) porte : *D'azur, à trois étoiles d'argent, deux en chef et une en pointe* (devise) : *Bien faire et laisser dire.*

C. Stéphanie, mariée à M. de Champeaux de La Boulaye[1] (Bourgogne) : de ce mariage sont issus six enfants, dont une fille (Mme de Prémorel).

D. Marie, mariée à M. Baguenault de Puchesse[2]; de ce mariage, sont nés un fils et une fille (Mme de Langlois).

Du second mariage sont issus :

2° Hector-Adolphe de Bodin de Boisrenard, né le 25 novembre 1801, épousa, le 16 mars 1830, Marie-Henriette-Thays de Trimond, née le 23 mars 1808, fille de Louis-Pierre-Victor, vicomte de Trimond[3], et de Marie-Josèphe Crignon.

De ce mariage sont issus :

A. Louis-Maxime, né le 21 avril 1835, mort célibataire vers 1880.

B. Léocadie-Antoinette, mariée en 1853 à Isère Guyon, comte de Montlivault[4], lieutenant

---

1. DE CHAMPEAUX (Bourgogne) porte : *D'azur, au cœur d'or, accompagné de trois étoiles d'argent, deux en chef et une en pointe (devise) : Huc pax mea (Dictionn. hérald.,* par Ch. Grandmaison. p. 175).

2. DE BAGUENAULT DE PUCHESSE porte : *D'argent, au chevron de gueules, accompagné de deux étoiles d'azur, en chef, et en pointe. une foi au naturel, parée de gueules, surmontée d'un lys au naturel : au chef d'or chargé de trois merlettes de sable.*

3. DE TRIMOND porte : *D'azur, à une cloche d'argent, surmontée d'une croix, fleurdelisée d'or* (Arch. de la nobl.. par Lainé, XI, art. *Trimond,* p. 23).

4. MONTLIVAULT porte : *D'or, à trois fasces ondées, d'azur posées en chef, à la branche d'arbre de sinople renversée. posée à la pointe de l'écu.*

de vaisseau, chevalier de la Légion d'honneur et de l'Ordre d'Isabelle-la-Catholique.

Léocadie de Boisrenard est morte à Boisrenard en 1903 ; le château de Boisrenard est actuellement possédé par son fils, le vicomte de Montlivault.

Hector-Adolphe de Bodin de Boisrenard est mort à Boisrenard en mai 1890.

3° Alphonse de Bodin de Boisrenard qui suit.

4° Amélie-Henriette de Bodin de Boisrenard, née le 11 novembre 1805, mariée à M. de Montaudouin [1] (d'Orléans), dont une fille mariée à M Georges du Houlley.

XIVᵉ. Bodin de Boisrenard (Alphonse de), né le 24 mars 1804, épousa, le 14 août 1840, Noémi de Coniac [2] (Bretagne), décédé le 21 septembre 1878 : sa veuve mourut le 12 novembre 1884.

De ce mariage sont nés :

1° Geneviève, née en décembre 1841, mariée à Louis de Moncuit de Boiscuiller, sans enfants ;

2° *Clovis*, qui suit ;

3° Marguerite, née en 1856, morte en 1885, mariée au vicomte Gildas du Breil de Pontbriant, laissant trois enfants :

A. Bernard de Pontbriand-Marzan.

---

1. Montaudouin porte : *D'azur à six monts superposés d'or.*

2. Coniac porte : *D'argent à l'aigle éployée de sable.*

B. Françoise de Pontbriand-Marzan.

C. Marguerite de Pontbriand-Marzan.

XVe. BODIN DE BOISRENARD (comte Clovis de), né le 27 juillet 1845, marié à Hélène des Alleux, sans enfants : cette dernière décédée à Rennes le 19 août 1906.

§ V. — De Bodin de Vaux

CINQUIÈME BRANCHE

X^e. BODIN (François de), écuyer, seigneur de Vaux et de la Brosse, fils de François de Bodin, seigneur de Boisrenard, et de Marguerite de Bugy (§ IV. — IXe degré), épousa en premières noces Elisabeth Gardereau, et en secondes (le 25 octobre 1701), Sidonie-Elisabeth de Villeneuve, fille de Gédéon de Villeneuve, écuyer, seigneur de Messili et de la Pourcelière, et de Sidonie de Villeneuve[1]. Du premier mariage sont issus :

1° Elisabeth de Bodin, mariée à Pantaléon de Breda, chevalier de Saint-Louis, lieutenant de roi, commandant au Port-de-Paix[2] ;

1, *Armorial gén. de France*, par d'Hozier, reg. 1er, Ire partie, p. 72.

DE VILLENEUVE porte : *D'argent, à la croix ancrée de sable, chargée d'un carreau d'argent, en cœur.*

2. *Arm* de d'Hozier, reg. 1er, IIe partie, p. 574.

DE BREDA porte : *D'argent, à une fasce de gueules, chargée d'une étoile d'or et accompagnée en chef d'un perroquet de sinople. et en pointe d'un croissant de sable* (*Arm.* de Dubuisson, I, p. 77).

2º Madeleine de Bodin.

Du second mariage sont issus :

1º François de Bodin, écuyer, comte de Vaux, seigneur de Vaux et de la Brosse-Salerne, né à Blois, le 13 août 1702, chevalier de Saint-Louis, maréchal de camp, gouverneur de Belle-Isle-en-Mer. Il mourut dans cette ville en mars 1759, et y fut enterré.

Voici ses états de service, d'après un relevé fait aux archives du ministère de la guerre :

Enseigne au régiment de Nivernais, en 1719 ;

Aide-major, en 1725 ;

Rang de capitaine, le 6 août 1729 ;

Titulaire du grade de capitaine, le 5 mars 1734 ;

Lieutenant-colonel, le 29 juin 1741 ;

Brigadier, le 1er mai 1745 ;

Maréchal de camp, le 1er mai 1758 ;

Campagnes : 1733-1734-1735, Italie ; — de 1738 à 1740, Corse ; — 1742 à 1746, Flandre ; — 1747, côtes de Provence et d'Italie.

En 1752, il avait épousé Marie-Félicie Lamberty dont il eut un fils, Jacques-François-Ignace de Bodin, décédé, le 1er juin 1765, à Marchenoir [1] ; il avait été baptisé à Autainville,

---

1. A la mort de son père (1759) et sur la pétition du chevalier de Boisrenard, Joseph de Bodin de Galembert (Voir plus loin), cousin germain de son père, cet enfant avait obtenu du roi Louis XV une pension de 600 livres. A sa mort, et sur une nouvelle pétition de sa mère, revêtue de multiples apostilles (dossier François de Vaux de la Brosse, aux Archives de la Guerre), cette pension de 600 livres fut reversée sur sa tête.

le 17 janvier 1753 ; parrain, le marquis de Saumery, gouverneur de Chambord ; marraine,
Madeleine de Bodin, tante de l'enfant.

Marie-Félicie Lamberty de Châteauneuf
épousa en secondes noces, à Nice, le 1er octobre 1768, Jean Durand, comte de Sausses,
capitaine de frégate ; c'est ce qui résulte d'un
certificat de vie qui lui fut délivré le 1er janvier 1790. Voici le texte de cette pièce :

Aujourd'hui est comparue devant les conseillers du
roi, notaires au Chatelet de Paris, soussignés,

Haute et puissante dame Marie-Félicie Lamberti,
veuve en premières noces de haut et puissant seigneur François Bodin, comte de Vaux et la Brosse,
maréchal des camps et armées du roy, gouverneur de
Bellisle-en-Mer ; et en secondes noces, de haut et
puissant seigneur Jean Durand, comte de Sausses,
commandant à la Guadeloupe, demeurant à Paris,
boulevard du Pont-aux-Choux,

Laquelle a requis les notaires soussignés de lui
donner acte de son existence ; ce qu'ils lui ont octroyé
pour lui servir et valoir ce que de raison.

Dont acte, fait et passé à Paris en l'étude, l'an
mil sept cent quatre vingt dix, le premier janvier, et
a signé ces présentes. où huit mots sont rayés comme
nuls. Signé : Lambert de Sausses, Paulmier et Rouen
(en marge est l'empreinte du scel à contrats des
notaires au Chatelet de Paris).

« François de Bodin, IIIe du nom, dit
d'Auriac dans son *Armorial de la noblesse de
France*, fit bâtir, en 1753, sur les ruines du
vieux castel, le château de Labrosse-Salerne,
tel qu'il existe aujourd'hui. Un moine de

l'abbaye du Petit-Cîteaux, voisine de Labrosse, fut l'architecte de la nouvelle construction, commencée et finie en l'absence du propriétaire, au service, et qui ne la vit jamais. »

2° Louis-Joseph, qui suit ;

3° François de Bodin, écuyer, seigneur du Chastellier [1] ;

4° N. de Bodin, écuyer, né en 1712 ;

5° Marie-Thérèse de Bodin de Vaux, dite Mademoiselle du Chastelier, née le 14 janvier 1716, reçue à Saint-Cyr, le 10 novembre 1723, sur preuves de sa noblesse justifiée par titres, depuis Abraham de Bodin, son trisaïeul, écuyer, seigneur de Boisrenard, vivant en 1578 [2] ; elle mourut en 1784 dans sa terre de Chantecaille ;

6° Elisabeth de Bodin de Vaux, mariée à N. Le Fuzelier de Cormerey, morte sans postérité [3] ;

---

1. *Arm. gén. de Fr.*, par d'Hozier, reg. 1er, 1re partie. — François de Bodin du Chastellier ne figure pas dans l'*Arm. de la nobl. de Fr.* de d'Auriac. D'un autre côté, d'Hozier ne fait pas mention de Louis-Joseph de Bodin et d'Elisabeth de Bodin, frère et sœur de François de Bodin du Chastellier. Il indique une *Françoise de Bodin*, née en 1714, comme étant également sœur de ce dernier ; peut-être s'agit-il de Mlle de Vaux, dont d'Auriac ne donne pas les prénoms.

2. *Arm. gén. de Fr.*, par d'Hozier, reg. 1er, 1re partie.

3. *Armorial de la noblesse de France*, par d'Auriac. Le Fuzelier porte : *D'or, à la fasce d'azur, chargée de trois fleurs de lys d'or ; au lambel de trois pendants d'argent, accompagné de trois chausse-trapes de sable.*

7° N. de Bodin de Vaux, dite Mademoiselle de Vaux, décédée à Chantecaille, en 1775[1] ;

8° Marie-Madeleine de Bodin de Vaux, religieuse Ursuline à Blois, décédée en 1793[2].

Le 13 novembre 1704, François de Bodin obtint des officiers de l'élection de Châteaudun une ordonnance pour jouir des exemptions attribuées à la noblesse.

Voici le texte de cette pièce, qui est conservée dans les archives de la famille :

A tous ceux qui ces présentes lettres verront, les président, lieutenant, assesseurs et eleus, conseillers du roy en l'élection de Chateaudun, Salut : Scavoir que sur la requeste à nous présentée par François de Bodin, escuyer, sieur de Vaux, demeurant à Authainville, contenant qu'en la dite qualité d'escuyer et de noble, il est exempt de toutes contributions et tailles et autres impositions, et qu'ayant choisi sa résidance en dite paroisse d'Authainville, il doit jouir du privilége des nobles, de mesme qu'il en a joui dans le pays Blaisois où il faisoit ci-devant sa résidance, et d'autant que sa dite qualité de noble n'est connue aux habitants de la dite paroisse ny mesme en cette élection, il aurait esté conseillé de produire devant nous l'inventaire des titres justificatifs de sa noblesse représenté à Monseigneur l'intendant de la généralité d'Orléans, au pied duquel est l'acte de la représentation de ses titres, contenant la décharge des assignations à luy données à la requête de M° Estienne Dieudonné chargé de l'exécution de la déclaration de Sa Majesté, du quatre septembre mil six cent quatre vingt seize, contre les usurpateurs du titre de noblesse, et la décharge de ses assignations pour jouir par luy, ensemble ses enfants nez et à naistre

---

1. *Armorial de la noblesse de France*, par d'Auriac.
2. *Id., ibid.*

en loyal mariage, de tous les priviléges, honneurs et exemptions dont jouissent les autres gentilshommes du royaume tant et si longuement qu'ils vivront noblement et ne feront acte de dérogeance, le dit acte datté du vingt quatre aoust mil six cent deux, signé : Jubert, et plus bas, par Monseigneur, Bechade. A ces causes il nous plut ordonner que le dit inventaire serait registré en notre greffe pour y avoir recours quand besoin seroit, et jouir par le dit sieur de Bodin de tous les droits, priviléges, honneurs et exemptions dont jouissent les autres gentilshommes du royaume, et en conséquence faire deffenses aux habitans et collecteurs des tailles de la paroisse d'Authainville ou austres où il pourrait establir sa demeure de l'y troubler à peine d'en répondre en leurs noms privés. Veu la dite requeste sous le seing de Me Jacques Ourry son procureur, notre ordonnance sur icelle disant communiqué au procureur l'inventaire de titres du dit sieur suppliant et esnoncé et datté, ensemble l'ordonnance de Monseigneur l'Intendant, signé : Jubert, et les conclusions du procureur du roy. Tout considéré, nous ordonnons que le dit inventaire sera registré au greffe de cette élection pour y avoir recours quand besoin sera et jouir par le dit sieur François de Bodin des priviléges et exemptions attribuez aux nobles de ce royaume, et en conséquence ordonnons qu'il sera employé en cette qualité sur le rolle des tailles en ce faisant, faisons défenses aux collecteurs des tailles de la paroisse de sa demeure de le comprendre à la taille et autres impositions à peine d'en répondre en leurs noms privez et de ses dommages et intérêts, et ce tant qu'il vivra noblement et ne fera acte dérogeant à noblesse, mandons au premier huissier ou sergent sur ce requis de faire pour l'exécution des présentes tous actes de justice à ce nécessaires. Donné au bureau de la dite élection de Chateaudun par nous juges susdits, le treizième jour de novembre mil sept cent quatre et sont signés au plumitif des présentes : Bourgeois. Lochon, Souchuz. Boisgaultier, Michau, Mauzy et Bertier, avec paraphes. —

Signé : Juchet, greffier. Epices pour tous droits compris, ceux du procureur du roy et du greffier receveur et contrôleur des épices. Scellé le dernier décembre 1704, Signé R...

Le 22 juillet 1706, ainsi qu'on l'a vu plus haut, les commissaires généraux du Conseil rendirent un jugement par lequel François de Bodin fut déclaré maintenu, avec Louis de Bodin, son frère aîné, seigneur de Boisrenard, dans les qualités de noble et d'écuyer [1].

XIe. Bodin (Louis-Joseph de), écuyer, comte de Vaux, seigneur de Vaux, de Chantecaille, du Chastellier, de la Brosse-Salerne, du Portail, né en 1719.

Lieutenant au régiment de Nivernais (colonel d'Avaray) en 1732.

Capitaine au même régiment en 1737.

Chevalier de Saint-Louis en 1747, reçu par son frère aîné (François de Bodin de Vaux de la Brosse), qui était alors lieutenant-colonel de ce régiment.

Vers 1750, ce régiment prend le nom de Marche-Prince.

Louis-Joseph de Bodin, devenu l'aîné, en 1759, par la mort de son frère François, réunit en ses mains, après le décès du fils unique de ce dernier, le 1er juin 1765, toute la fortune des Bodin de Vaux.

En 1755, il avait épousé Louise de Lafer-

1. *Armorial général de Fr.*, par d'Hozier, reg. 1er, 1re partie, p. 72.

rière[1], âgée de trente ans, fille d'Alexandre-César et de Gabrielle de Lasne de la Noue. Le comte de Vaux, frère aîné, paraît au contrat, et donne aux époux la jouissance du château de Chantecaille, après le décès de sa sœur aînée, Madeleine, y demeurant, et jusqu'à la majorité de son fils Ignace, né en 1753.

Ce fils, Ignace de Bodin de Vaux, devint comte de Vaux à la mort de son père, gouverneur de Belle-Isle-en-Mer (1759), et mourut à l'âge de 12 ans à Marchenoir, le 1er juin 1765; ses biens et titres passèrent alors à son oncle Louis-Joseph, époux de Louise de Laferrière.

Par une transaction en date du 28 janvier 1766 avec Marie-Félicie Lamberty de Châteauneuf, veuve de son frère aîné, Louis-Joseph désintéressa sa belle-sœur de ses jouissances, par une somme de 9.000 livres et une rente viagère de 1.500 livres, qu'il payait encore en 1789.

Les droits de succession payés par lui pour les terres de la Brosse, de Parinville, de la Tuilerie, du Grand-Luet, de la Pourcellière et du Chastellier, s'élevèrent à 723 livres.

Louis-Joseph de Bodin, désormais comte de Vaux, qui depuis son mariage (1755) paraît avoir habité sa terre du Portail, vint s'installer à la Brosse, château bâti par son frère aîné, à Pâques 1766.

Sa sœur, Madeleine de Bodin, jouissait

---

1. DE LAFERRIÈRE porte : *D'argent, à deux lions d'azur, onglés et couronnés de sable.*

encore à cette époque de la terre de Chantecaille et du fief de Vaux.

Une autre sœur, Marie-Thérèse, dite Mlle du
Chastellier, habitait avec elle: en 1755, elle était
intervenue au contrat de mariage de son frère
Louis-Joseph, pour lui constituer une rente.

Madeleine de Bodin paraît être morte entre
1766 et 1769; car on voit, en 1769, une transaction entre le comte de Vaux et sa sœur
Marie-Thérèse, *dame de Chantecaille*, par
laquelle les contractants, pour une conve-
nance personnelle de proximité, échangent,
pour vingt-sept années, la jouissance du fief
de Vaux proche Mer et du petit Viertiville,
près la Brosse.

Marie-Thérèse décéda en 1784. Par son
testament, daté de 1772, elle avait donné la
propriété de Chantecaille à son frère, le comte
de Vaux, avec substitution à son cousin,
Alexandre-François de Bodin de Boisrenard,
si M. de Vaux décédait sans enfants.

Par acte du 7 octobre 1784, le comte de
Vaux abandonna la jouissance de Chantecaille
à son cousin de Boisrenard, moyennant une
rente viagère de 1.200 livres, le paiement des
legs et de la moitié des frais de la succession
de Mlle du Chastellier.

Le comte de Vaux perdit sa première
femme, Louise de Laferrière, le 14 juin 1791;
elle ne lui avait pas donné d'enfant; il hérita
de ses biens et traita à ce sujet avec les
héritiers directs (acte du 17 février 1792).

Bien qu'âgé de soixante-douze ans, il épouse, en 1792, Angélique-Marie de Tullières[1], alors âgée de trente-six ans.

Louis-Joseph de Bodin, comte de Vaux, mourut à Vendôme, le 3 novembre 1799.

Par un testament en date du 13 juin 1794, il avait légué toute sa fortune à sa seconde femme, non sans lui avoir fait connaître son désir, lorsque la tourmente serait passée, de réparer l'injustice révolutionnaire qui avait dépouillé de ses biens une branche de sa maison, dont le chef Joseph-François-Henry de Bodin de Galembert était alors en émigration.

En lui s'éteignit la branche des de Bodin de Vaux.

En butte à divers procès que lui suscitèrent les héritiers collatéraux de son mari, la comtesse de Vaux (Angélique-Marie de Tullières) crut trouver un appui en épousant en secondes noces, le 18 mai 1802, le chevalier de Meaussé.

Mme de Meaussé ne tarda pas à se repentir de cette nouvelle union, et se sépara au bout de peu d'années de M. de Meaussé, auquel elle fit une pension.

Sur ces entrefaites, Joseph-François-Henry de Bodin de Galembert revint de l'émigration (1805). Sa tante l'accueillit comme un fils, le maria en 1812 à demoiselle Paschalite de

---

1. De Tullières porte : *De sable, au lion d'argent, langué, onglé et couronné d'or (Essai sur l'Arm. du diocèse du Mans. Annuaire de la Sarthe, 1862, p. 358).*

Vanssay, assurant toute sa fortune aux enfants à naître de ce mariage, et lorsque M. de Galembert mourut à Vendôme, en 1825, Mᵐᵉ de Meaussé eut la délicatesse de remettre, de son vivant, aux enfants de son neveu, les biens et titres provenant de leur oncle, son premier mari.

C'est ainsi que la terre de la Brosse, le fief de Vaux, les terres de la Pourcellière et de Boissay (cette dernière des propres de Mᵐᵉ de Meaussé) passèrent à la branche des de Bodin de Galembert.

Mᵐᵉ de Meaussé mourut à Vendôme, chargée de jours, le 11 avril 1840.

§ VI. — De Bodin de Galembert

SIXIÈME BRANCHE

XIᵉ. BODIN DE GALEMBERT[1] (Joseph de), dit le chevalier de Boisrenard, troisième fils de Louis de Bodin de Boisrenard, gouverneur et capitaine des chasses de Chambord, et de Madeleine Mercier (fille de noble homme N. Mercier, seigneur du Breuil, chef du gobelet du Roi), né à Blois, le 22 avril 1698.

Ses états de services, relevés aux archives du ministère de la Guerre, portent les indications suivantes :

Enseigne au régiment de Mailly-infanterie

1. Galembert est un fief près de Boisrenard.

en 1707 ; lieutenant au régiment de Mailly-infanterie, le 1er décembre 1710 ; capitaine[1] au régiment de Mailly-infanterie, le 3 octobre 1713 ;
aide-major, le 12 juin 1726 ; capitaine des
grenadiers, le 19 novembre 1739 ; major, le
29 juin 1741 ; rang de lieutenant-colonel, le
16 décembre 1744 ; lieutenant-colonel, le
24 avril 1748 ; brigadier des armées du Roi,
le 10 mai 1748 ; employé à l'armée d'Allemagne,
le 1er mars 1757 (campagne de Rosbach), admis
à la pension de retraite (1.000 écus), pour cause
de blessures, le 3 mars 1760.

Quinze campagnes : 1711, 1712, Flandre, —
1713, Allemagne — 1733 et 1734, 1741 à 1745,
Allemagne, — 1746, défense de la Provence,
— 1747, Italie, — 1757 à 1759, Allemagne.

Quatre blessures : blessé d'une pierre au
front, en 1713, au siège de Landau, où son
frère fut tué ; blessé d'un éclat de grenade au
genou, au siège de Fribourg, en 1734 ; blessé
d'un coup de feu à la cuisse droite, à l'affaire
de l'Assiette (19 juillet 1747) ; grièvement blessé
(bras droit fracassé par un coup de feu) à
Rosbach (5 décembre 1757) : cette blessure le
force à quitter le service.

Chevalier de Saint-Louis, en 1747, avec une

---

1. On lui donna la compagnie de son frère Ange,
tué au siège de Landau, où lui-même fut blessé ; Ange
avait remplacé, dans le commandement de la même
compagnie, leur frère aîné Louis, retraité en 1711,
pour cause de blessures.

lettre élogieuse du Ministre [1] lui donnant avis de la concession d'une pension de 800 livres sur l'ordre royal et militaire de Saint-Louis.

Avant Rosbach, en 1755, se trouvant en garnison en Flandre, Joseph de Bodin de Galembert de Boisrenard, brigadier des armées du roi, avait épousé Françoise-Henriette d'Eglise, veuve en premières noces de messire Jean de Richomme, major au régiment de Marsan, chevalier de Saint-Louis, originaire de Lavaur en Languedoc.

Aux termes d'un acte reçu par Defaux et Mabille, notaires à Douay en Flandre, le 19 janvier 1753, ledit Jean de Richomme avait désigné sa femme, Françoise-Henriette d'Eglise,

---

[1].   Au camp d'Hamal,

le 15 septembre 1747.

« Je viens, Monsieur. de rendre compte au roi de « la manière distinguée avec laquelle vous vous êtes « comporté à l'attaque des retranchements du col de « l'Assiette.

« Sa Majesté a bien voulu, pour vous donner une « marque de la satisfaction qu'elle en a, et en con- « sidération de la blessure que vous avez reçue. vous « accorder une pension de huit cents livres sur l'ordre « militaire de Saint-Louis : je vous en donne avis et « suis, Monsieur, votre très humble et obéissant ser- « viteur.

Signé : « Marquis d'ARGENSON. »

« *A monsieur de Galembert de Boisrenard, major du régiment d'Infanterie de Mailly. avec rang de lieute- nant-colonel.* »

(L'original est aux Archives de la Guerre.)

comme héritière de tous ses biens, comprenant Gachepel, près Lavaur.

Lorsque Joseph de Bodin de Galembert de Boisrenard, brigadier des armées du roi, ayant été très grièvement blessé à Rosbach en 1757, fut contraint de se retirer en 1760, sans avoir pu, malgré ses cinquante ans de services, ses quinze campagnes et ses quatre blessures, atteindre au grade de maréchal de camp, sa femme le décida à habiter Gachepel et Lavaur, où elle possédait d'assez grandes propriétés, du chef de son premier mari.

N'ayant pas eu d'enfant de son second mari, pas plus que du premier, elle donna les mains au désir de celui-là, d'appeler auprès d'eux son neveu Gaspard, capitaine de grenadiers, au régiment de Guyenne, son compagnon d'armes, blessé comme lui à Rosbach (1757).

En 1765 (contrat du 2 janvier, reçu par Bousquet, notaire à Lavaur) on lui fit épouser Marie-Marguerite de la Plane de Richomme, fille de Nicolas de Richomme, seigneur de la Plane, cousin au quatrième degré de Jean de Richomme, premier mari de Françoise-Henriette d'Eglise.

Par ce mariage, la fortune des deux branches de Richomme revint aux Galembert.

Joseph de Bodin de Galembert testa le 1er juillet 1781 (sa femme l'avait précédé dans la tombe), et mourut le 13 juillet 1783, âgé de quatre-vingt-cinq ans.

Son testament, dont une expédition sur parchemin existe aux archives de Parpacé, est déposé aux minutes de Moré, notaire royal à Lavaur : son neveu Gaspard est institué légataire universel, et l'exécuteur testamentaire est M. Pierre Devoisins, avocat au Parlement.

XIIe. BODIN DE GALEMBERT (Gaspard de), neveu et héritier du précédent, troisième fils de Louis de Bodin de Boisrenard, lieutenant des chasses de Chambord, capitaine et chevalier de Saint-Louis (XIe), retraité pour cause de blessures, en 1711, et de Anne-Marguerite de Laiglhoult (ou Laiglehout).

Né à Boisrenard, le 30 octobre 1724. *Parrain* : messire Gaspard de Tascher, chevalier, seigneur de la Pagerie, son oncle. *Marraine* : demoiselle Marie de Moulin de Vilouze, représentée par demoiselle Anne-Magdeleine Bodin de Boisrenard, sa sœur.

Gaspard de Galembert fut militaire comme ses ancêtres : son dossier aux Archives de la Guerre ne contient pas ses états de service; il résulte d'une pétition de lui-même, existant au dossier, en date, à Lavaur, du 2 août 1767, qu'il a servi au régiment de Guyenne, où il est devenu major et chevalier de Saint-Louis, qu'il a été blessé au bras à Rosbach en Saxe (1757) et qu'il a obtenu une pension de 800 livres.

Ainsi qu'on l'a vu précédemment, il fut appelé à Lavaur, par son oncle Joseph, et marié par ses soins à Marie-Marguerie de la Plane de Richomme (contrat du 2 janvier 1765).

Dans ce contrat, l'oncle intervient naturellement en première ligne, tant en son nom personnel que comme fondé de pouvoirs de sa belle-sœur, Anne-Marguerite de Laygloux (troisième orthographe), mère de Gaspard, puis sa femme Françoise-Henriette de Glize (nouvelle orthographe) donne à la future épouse, comme parente de son premier mari, Jean de Richomme, sa propriété de Gachepel, estimée 13.000 livres. Les père et mère de Marie-Marguerite, Nicolas de Richomme[1] et Catherine de Villeneuve, lui donnent trois métairies d'une valeur globale de 15.000 livres, et Gaspard, futur époux, déclare que ses biens propres se montent à 16.000 livres ; le jeune ménage débute donc avec 44.500 livres, représentant aujourd'hui (1907), environ 245.000 francs.

1. La famille de Richomme tenait un certain rang dans le consulat de Lavaur, depuis le xvi° siècle.

Aux archives de la mairie de Lavaur, on trouve mention de :

1° Jean Richomme, consul à Lavaur en 1537, en 1544 et en 1550.

2° Noble Charles de Richomme, seigneur de Gachepel, premier consul de Lavaur en 1621.

3° Noble Pierre de Richomme, seigneur d'Elbois en 1651.

1655. M. de Richomme a le livre des tailles, comme caution du collecteur Foulquet.

1676, 1er janvier. Noble Louis de Richomme, seigneur de la Salle et Gachepel, nommé par le seigneur intendant suivant la lettre du Roi.

1731. Noble Marc-Antoine de Richomme, seigneur de Lassalle, premier consul.

Ce contrat est signé : Gaspard Bodin de Boisrenard ; chose singulière, Gaspard de Bodin, considéré par les généalogistes comme auteur de la branche de Galembert, ne signe point de ce nom, ni dans le contrat dont s'agit ni dans les pétitions existant à son dossier aux Archives de la Guerre, ni dans le brevet de sa pension militaire ; il l'a cependant porté, car il figure à son acte de décès avec l'orthographe fantaisiste de la Terreur, le 18 avril 1793 (il était mort le 18 février), et dans son testament à la date du 1er juillet 1792.

Nous croyons qu'il ne prit ce nom qu'après la mort de son oncle Joseph, survenue le 13 juillet 1783, lequel l'avait porté toute sa vie, et comme pour lui rendre honneur, en qualité de légataire universel.

Le mariage de Gaspard de Bodin de Galembert, ainsi que la résidence de son oncle et bienfaiteur, le fixèrent en Languedoc, où il eut cinq enfants :

1º Joseph-François-Henri, qui suit.

2º Joseph-Gaspard de Bodin de Galembert de Boisrenard, né à Lavaur, le 8 juillet 1768, et baptisé le lendemain dans l'église de Saint-Alain : parrain, messire Joseph Bodin de Boisrenard, brigadier des armées du Roi ; marraine, dame Catherine de Villeneuve de Richomme.

Elève du Roi à l'école de la Flèche, décédé dans cette ville, le 7 mai 1787.

3º Louis-Marie de Bodin de Boisrenard de

Galembert, né à Lavaur, le 17 février 1770 :
parrain, messire Louis de Bodin de Boisrenard, prêtre et prieur de Lorges, oncle de
l'enfant.

Louis-Marie est décédé à Lavaur le 6 mai 1780,
âgé de dix ans.

4° Anne-Marguerite-Hortense Bodin de Galembert, née à Lavaur, le 3 mars 1771 : parrain. M. de Martignac, brigadier des armées
du Roi ; marraine, Anne de Bodin de Boisrenard, tante de l'enfant.

Anne-Marguerite-Hortense eut une jeu-
nesse accidentée :

En 1793, elle avait vingt-deux ans ; son
père Gaspard venait de mourir (le 18 février) ;
son frère aîné, Joseph-François-Henri, était
émigré ; elle, suspecte, comme noble et sœur
d'émigré, prisonnière dans sa maison, sur le
parvis de Saint-Alain (devenu depuis un couvent de Clarisses) ; un ancien officier, Daniel
Malabiou de Boisredon, de Puylaurens, re-
mercié de l'armée comme noble et revenu dans
son pays natal, avait quelque peu pactisé
avec les idées nouvelles : il était devenu pro-
cureur-syndic de la commune de Lavaur ; la
triste situation de cette jeune fille de vingt-
deux ans l'émut ; il s'intéressa à elle, fit lever
son écrou, procéda au partage des biens de sa
famille, entre elle et la nation, se substituant
à l'émigré, d'après les lois de l'époque. Grâce
à M. de Boisredon, Hortense put conserver
quelques bribes de l'héritage paternel, dont

Gachepel et la maison de Lavaur, où ses aïeux avaient vécu. La nation s'était adjugé le gros lot qui fut vendu à vil prix. Pleine de reconnaissance envers son libérateur, elle consentit à s'unir à lui, le 6 thermidor an III (21 juillet 1795). Le contrat du 24 messidor an III, reçu par Moré, notaire public à Lavaur, mentionne comme apport de la future, Gachepel, évalué 20.000 francs, à elle attribué dans le partage avec la nation des 19 et 23 floréal an III; le futur n'apporte que sa bonne mine, et déclare « que sa cote d'habitation se porte à 4 sols » d'après la matrice du rôle de la commune de Puylaurens.

De ce mariage sont nés :

A. Louis-Joseph (dit Isidore) Malabiou de Boisredon, né le 8 août 1796, eut pour parrain M. de Bodin, comte de Vaux, grand-oncle de sa mère.

Isidore de Boisredon entra à Saint-Cyr le 28 juin 1814; il y fut conduit par son oncle Joseph-François-Henri de Bodin de Galembert ; il servit dans l'infanterie, fit la campagne d'Espagne (1823), où il obtint la croix de Charles III, et la campagne d'Alger; il brisa son épée, en 1830; marié le 4 février 1840 à Marie de Cantalause dont il eut un fils unique Georges, né le 22 février 1841, mort à dix-sept ans, en 1858.

Isidore de Boisredon survécut à son frère et à sa sœur, demeurés célibataires (sa femme était morte en 1870) ; il mourut à Lavaur, le

14 janvier 1880, instituant, pour son légataire
universel, son neveu, Charles-Marie-Roger de
Bodin de Galembert, officier d'artillerie, l'aîné
de sa famille, ayant dit à plusieurs, dans les
dernières années de sa vie : « Gachepel vient
des Galembert et retournera aux Galembert. »

B. Jean-Guillaume-Adrien Malabiou de Boisredon, né le 2 août 1802, mort célibataire en 1876.

C. Angélique-Joséphine Malabiou de Boisredon, née le 24 mai 1805, eut pour marraine
Mme de Meaussé, née de Tullières, veuve du
comte de Vaux, parrain de son frère aîné ; elle
mourut célibataire à Lavaur, en 1874.

5° Charles-François Bodin de Galembert,
fils de messire Gaspard Bodin de Galembert,
ancien major d'infanterie, chevalier de Saint-
Louis, et de dame Marguerite de Richomme, né
à Lavaur, le 27 juillet 1773.

Mort en bas âge.

Marie-Marguerite de Richomme, épouse de
Gaspard de Bodin de Galembert, mourut en
couches, le 25 avril 1776, âgée de trente ans,
après avoir été, la veille, émancipée par son
père pour disposer de ses biens par testament
noncupatif, reçu par Moré, notaire à Lavaur ;
dans ce testament, elle institue pour son héritier général et universel son fils aîné Joseph-
François-Henri, alors âgé de dix ans, laissant
à chacun de ses autres enfants sa légitime, et
leur imposant sur ce « silence perpétuel » ; sa
fille Hortense, seule, est gratifiée de 3.000 livres
en sus de sa légitime.

Gaspard de Bodin de Galembert survécut dix-sept ans à sa femme. En 1783, il recueillit l'héritage de son oncle et bienfaiteur, Joseph, brigadier des armées, qui l'avait marié ; il en jouit dix ans, testa le 1er juillet 1792, et mourut le 18 février 1793, en pleine tourmente révolutionnaire.

Contrairement aux usages, et sans doute pour essayer de conserver à sa fille une plus forte part de la fortune de ses parents dont son fils, émigré, était déchu par les lois de l'époque, le testament de Gaspard institue pour légataire universelle sa fille Hortense.

Cette précaution fut vaine, et Hortense fut dépouillée à peu près autant que son frère.

XIIIe. BODIN DE GALEMBERT (Joseph-François-Henri), comte de Galembert, né à Lavaur, le 2 juin 1766. Parrain : noble messire Joseph-Nicolas de Richomme ; marraine, dame Françoise-Henriette d'Eglize, le père absent, au service : il y a lieu de remarquer que l'extrait baptistaire ne porte pas le nom de Bodin pris par le père, Gaspard de Bodin de Galembert de Boisrenard.

Il fut élevé au collège de Sorrèze.

Les états de services figurant à son dossier sont les suivants :

3e sous-lieutenant au régiment de Guyenne le 13 décembre 1781, sous-lieutenant au régiment de Guyenne le 6 janvier 1786, a abandonné par démission le 30 juin 1790.

Dans une de ses lettres, Joseph-François-

Henri déclare que les soldats ne voulaient plus obéir. Il rentra dans sa famille à Lavaur, et la tradition rapporte qu'il n'avait pas du tout envie d'émigrer.

Les dames de Lavaur lui envoyèrent une quenouille : cette manifestation le décida, et il rejoignit en novembre 1791, à Oberkirch, le quartier général de l'armée de Condé ; il fit dans cette armée la campagne de 1792 et la quitta en avril 1793, avec un passeport de M. le prince de Condé, dont le quartier général était alors à Wilingen. Son père venait de mourir ; il se dirigea vers l'Italie, avec le dessein de passer en Espagne, pour se rapprocher du Languedoc ; l'événement du siège de Toulon le retint en Toscane, où il se réfugia au monastère de Vallombroso, dans les Apennins : il avait l'espoir d'être placé dans les corps qui se levaient dans cette région ; cet espoir fut déçu ; les malheurs de cette époque le conduisirent à Naples ; il suivit la cour en Sicile, en 1799. Il se fixa à Palerme, où, pour vivre (il avait trente-trois ans), il entreprit l'éducation des enfants du prince Larderia, dont une fille : cette fille devint plus tard la princesse San Cataldo ; elle et ses fils renouèrent des relations avec la veuve et les fils de son ancien précepteur.

Joseph-François-Henri put rentrer en France en 1805 ; pendant une année, il fut, à Gachepel, l'hôte de sa sœur Hortense et de son beau-frère Boisredon. Tous ses biens avaient été

8

vendus nationalement ; ne voulant pas être à la charge de sa sœur, elle-même réduite à la portion congrue, il se rendit à Vendôme à l'appel de sa tante, Mme de Meaussé (Voir ce qui précède) : elle le maria le 27 mai 1812 à Paschalite de Vanssay, fille du marquis de Vanssay[1] et de Edme des Rouauxdières, et assura aux enfants à naître de ce mariage les biens et titres qui avaient appartenu à son premier mari, Louis-Joseph de Bodin, comte de Vaux.

Après son mariage, Joseph-François-Henri partagea son temps entre Vendôme et la Brosse, résidence de sa tante, ainsi que Parpacé, dont la terre constituait la dot de sa femme.

Très apprécié par la société de Vendôme, ses concitoyens firent appel à ses connaissances militaires pour le nommer chef de cohorte de la garde nationale.

En 1814, il demanda le brevet de capitaine et la croix de Saint-Louis, par une pétition existant à son dossier, en date du 5 juillet. En marge de cette lettre est une apostille de M. le marquis de Bouthillier, ci-devant major-général de l'armée de Condé, et un décompte des services ainsi liquidé :

En France......................	10 ans
Armée de Condé 1792-1793...	2 —
Années conservées	10 —
TOTAL...	22 ans

1. VANSSAY porte : *D'azur, à trois besants d'argent, chargés chacun d'une hermine de sable.*

Il obtint le brevet de capitaine, ainsi que la croix de Saint-Louis, et fut reçu par le comte d'Artois, le 18 décembre 1814.

Devenu fermier général des biens de sa tante, il la précéda de quinze ans dans la tombe, et mourut à Vendôme le 7 avril 1825; il fut enterré dans le cimetière de cette ville. Mme de Meaussé vint l'y rejoindre le 11 avril 1840.

De son mariage avec Paschalite de Vanssay, M. de Galembert eut trois fils :

1° Louis-Marie-Charles de Bodin, comte de Galembert, qui suit ;

2° François-Marie-Henri de Bodin, vicomte de Galembert, qui suivra après son frère ;

3° Anne-Marie-Charles de Bodin, baron de Galembert, dont nous parlerons plus loin.

BRANCHE AINÉE DE LA FAMILLE DE GALEMBERT

XIVe. BODIN DE GALEMBERT (Louis-Marie-Charles de), comte de Galembert, né à Vendôme, le 15 juin 1813, eut pour parrain, son oncle, le marquis de Vanssay ; marié le 25 août 1844 à Valentine Berthemy, fille de Pierre-Augustin Berthemy[1], chevalier de l'Empire, général de brigade ; à la mort de sa mère, âgée de quatre-vingt-deux ans (19 novembre 1870), le comte

---

1. BERTHEMY porte : *D'or, à la fasce de gueules accompagnée de trois têtes de cheval de sable 2 et 1, et en cœur d'une épée d'argent posée en pal et passée derrière le fasce.*

de Galembert se chargea de la terre de Parpacé, qui n'avait pas été aliénée depuis trois siècles ; il y fixa sa résidence et y mourut le 23 septembre 1891.

Sa veuve le rejoignit dans la tombe, le 2 avril 1897.

De ce mariage sont issus :

1º Charles-Marie-Roger, qui suit.

2º Marie-Angélique-Geneviève, née à Belmont, près Tours, le 21 mai 1849 : parrain, le général Berthemy ; marraine, comtesse douairière de Galembert ; épousa le 11 juillet 1876 Henri - Charles - Ferdinand - Marie - Dieudonné, comte de Mainville, veuf de Marie-Clotilde Longuet, décédé à Nice, le 4 novembre 1897, sans enfants de son second mariage.

3º Louis-Joseph-Marcel, vicomte de Galembert, né à Belmont le 8 avril 1852, épousa le 15 janvier 1884 Thérèse de Champeaux de la Boulaye, décédé sans enfants, au château de Saint-Michel, commune de Rémilly (Nièvre), le 7 juin 1906.

4º Paul-Marie-Edouard-Gabriel, né à Belmont, le 8 décembre 1853, décédé célibataire le 22 novembre 1892.

5º Pierre-Tristan-Joseph, né à Tours, le 17 février 1855, mort au château de Parpacé, le 3 mai 1872.

6º Henri-François-Gaspard, vicomte de Galembert après le décès de son frère Marcel, né à Tours, le 1er janvier 1857 : entré à Saint-Cyr, le 1er novembre 1875 ; sous-lieutenant, le

1ᵉʳ octobre 1877 ; lieutenant, le 12 mai 1883 ; capitaine, le 12 octobre 1889 ; chef de bataillon, le 12 juillet 1899 ;

Chevalier de la Légion d'honneur, le 12 septembre 1897. A fait la campagne de Tunisie en 1881.

Henri-François-Gaspard épousa, le 18 novembre 1897, sa cousine Marthe-Marie-Hermine de l'Estoile, fille de Louis-Raymond de l'Estoile et de Marie-Louise-Adélaïde-Herminie de Fontenay.

De ce mariage sont issus :

A. Louis-Gaspard-Marie-Joseph, né le 8 janvier 1899 à Sedan ;

B. Elysabeth-Marthe-Marguerite-Marie, née le 15 décembre 1900 à Libourne ;

C. Marthe-Michelle-Marie-Thérèse, née le 31 décembre 1902 à Bordeaux ;

D. Paul-Marie-Joseph-Jules, né le 21 janvier 1905 à Bordeaux ;

E.

7° Pierre-Marie-Gustave de Bodin, baron de Galembert, né à Tours, le 31 janvier 1858, officier aux Douanes maritimes impériales chinoises, le 9 août 1878, épousa, le 15 février 1887, Marie-Thérèse-Rufine T'Kindt de Roodenbecke.

De ce mariage est issue :

Marie-Béatrix-Antoinette, née à Shang-haï, le 31 mars 1892.

Pierre-Marie-Gustave poursuivit sa carrière en Chine ; il devint directeur des douanes à

Long-Chow (Quang-si) en 1902, fut transféré en la même qualité à Amoy en 1904, puis détaché comme directeur des Postes à Shang-haï, où il se trouve actuellement.

8° Marie-Louise-Octavie-Juliette, née à Tours, le 11 janvier 1859, décédée le 22 juillet suivant.

9° Marie-Jacqueline-Marthe, née à Tours, le 25 novembre 1861, décédée à Parpacé, le 13 août 1882.

Des neuf enfants de M. le comte de Galembert (Louis-Marie-Charles) quatre vivent encore en 1907, dont trois ont des enfants : sur ces enfants, il y a trois garçons portant le nom.

XVᵉ. BODIN DE GALEMBERT (Charles-Marie-Roger de), comte de Galembert, né au château de Parpacé, le 8 décembre 1845 : parrain, le marquis de Vanssay ; marraine, Mᵐᵉ Berthemy.

Entré à l'Ecole Polytechnique, le 11 octobre 1865 ; reçu à Saint-Cyr avec le même numéro ; a opté pour la première école ; sous-lieutenant élève d'artillerie à l'Ecole de Metz, 29 août 1867 ; lieutenant en second au 18ᵉ régiment d'artillerie à cheval, à Toulouse, le 3 novembre 1869 ; capitaine à la manufacture d'armes à Châtellerault, le 18 août 1873 ; capitaine adjoint au commandant de l'artillerie de l'arrondissement de Marseille, en 1875 ; capitaine commandant la 5ᵉ batterie du 16ᵉ régiment d'artillerie à Clermont-Ferrand, le 28 janvier 1876 ; chef d'escadron au même régiment, le 30 novembre 1886 ; commandant l'artillerie de l'arrondissement de Montrouge, le 23 septembre 1891 ; retraité, le 20 mai 1894 ; chevalier de la Légion d'honneur, le 7 juillet 1884 ; campagne de Metz (1870); prisonnier de guerre en Allemagne (Hambourg).

Marié, le 8 juillet 1873, à Marie-Adrienne de Voisins-Lavernière, fille de Marius-Etienne de Voisins-Lavernière, sénateur, et de Paule Marcassus de Puymaurin.

De ce mariage sont issus :

1° Jacques-Louis-Marie-Aimé, qui suit ;

2° Antoinette - Marie - Valentine - Etiennette, née, le 17 avril 1883, au château de Dumes, près Lavaur (Tarn).

XVIᵉ. Bodin de Galembert (Jacques-Louis-Marie-Aimé de), comte de Galembert, né à Toulouse, le 23 avril 1874 ; élève à l'Ecole Coloniale, en octobre 1894 ; chancelier stagiaire des résidences de l'Annam et du Tonkin, en octobre 1898 ; administrateur de 5ᵉ classe des services civils de l'Indo-Chine, le 5 juin 1900. Marié le 11 septembre 1899 à Pauline Gontier.

SECONDE BRANCHE DE LA FAMILLE DE GALEMBERT

XIVᵉ. Bodin de Galembert (François-Marie-Henri de), vicomte de Galembert, né à Vendôme, le 29 juillet 1815, marié, le 18 avril 1844, à Armande de Belloy[1], décédé à Bon-Secours

---

1. Belloy (Normandie) porte : *D'or à quatre cotices de gueules.*

(Seine-Inférieure), le 29 mars 1897 : sa veuve est décédée au même lieu, le 31 janvier 1904.

De ce mariage sont issus :

1º *Ludovic-Marie-Henri*, né au château de Gamaches, le 17 janvier 1845, zouave pontifical en 1865-1866, décédé à Lagos (côte occidentale d'Afrique) le 17 juillet 1869.

2º *René-Joseph-Marie*, né le 21 juin 1846, a fait le siège de Paris en 1870, contusionné au plateau d'Avron, mort à Port-Louis (île Maurice) le 8 août 1884.

3º *Alix-Marie-Clotilde*, née le 6 septembre 1847, mariée le 9 juin 1869 à César de Saint-Didier.

De ce mariage sont issus deux enfants :

A. Gaëtan, né en mars 1870 ;

B. Yvonne, née en mai 1881, mariée le 11 juin 1901 à Marcel Régner.

4º *Léon-Marie-Charles*, vicomte de Galembert, né le 12 décembre 1848, ancien. rédacteur de 1ʳᵉ classe au ministère de la Guerre, chevalier de la Légion d'Honneur, marié en mai 1903 à Jeanne Valentin, veuve de M. de Laprade.

5º *Marie-Catherine-Mathilde*, née le 15 juin 1850, mariée le 20 février 1879 au baron de Posch, ingénieur belge, à Ypres (Belgique), y décédée le 28 avril 1893, laissant quatre enfants :

A. Lionel, né en décembre 1879 ;

B. Johan ;

C. Gontran ;

D. Eliane.

6° *Paul-Henri-Marie*, baron de Galembert, né le 26 octobre 1851, sous-lieutenant aux mobiles de l'Eure en 1870; blessé au combat de la Bouille; ancien chef de bureau au ministère de l'Instruction publique; chevalier de la Légion d'honneur.

Marié à Valentine de Rozières[1], le 12 février 1877, décédée à Paris, le 22 août 1896.

Remarié, le 14 octobre 1902, à Mme Marie-Joséphine-Yvonne, fille d'Alfred Augustin, comte de Maussion-Montgoubert[2], et de Théophila, comtesse de Choiseuil-Gouffier, veuve de Charles-Edgard de la Motte.

7° *Charles-Marie-Joseph*, né à Vesly, le 23 mars 1853 : engagé volontaire au 3e chasseurs d'Afrique, à Constantine, le 1er septembre 1871; sous-lieutenant au 2e hussards à Alger, le 15 octobre 1879; lieutenant au 18e chasseurs, le 13 juillet 1884; capitaine au 19e chasseurs, le 1er septembre 1889; capitaine commandant au 3e chasseurs d'Afrique, le 15 octobre 1893; capitaine commandant au 14e hussards, le 10 mai 1900; chef d'escadron au 20e chasseurs à Vendôme, le 2 avril 1902; chevalier de la

1. Rozières (Exbrayat de Pralas). Forez et Velay porte : *D'azur, à deux massues d'argent posées en sautoir; au chef d'or, chargé d'une tête de loup arrachée, de sable.*

2. Maussion (Bretagne, Ile de France et Normandie) porte : *D'azur, au chevron d'or, accompagné en chef de deux étoiles de même, et en pointe d'un cyprès sur une montagne d'argent.*

9

Légion d'honneur, le 30 décembre 1888 ; officier de la Légion d'honneur, le 30 décembre 1905 ; — 18 campagnes : en Algérie, du 1er septembre 1871 au 1er avril 1878 ; en Algérie, du 10 octobre 1880 au 15 juillet 1884 ; en Algérie, du 15 octobre 1893 au 10 mai 1900 ; a pris part à la répression de l'insurrection des Kabyles en 1872 ; colonne expéditionnaire contre les Fréchiss (frontière tunisienne), en 1873 et 1874 ; contre l'insurrection de l'oasis d'el Amri en 1876 ; contre le marabout Bou-Amema (Sud-Oranais), 1881 et 1882.

8° *Henri-Marie-Joseph*, né le 25 mars 1855, habite actuellement l'Algérie.

9° *Marthe-Marie-Rosalie* (Amica), née le 28 mars 1856, a fait profession le 23 octobre 1876, au couvent de la Visitation de Rouen, sous le nom de Madeleine-Renée.

10° *Gustave-Marie-Joseph*, né le 28 avril 1857, sous-directeur de la compagnie d'assurances « Le Phénix », marié, le 8 janvier 1903, à Marguerite Bricard.

11° *Berthe-Marie-Louise*, née le 5 mars 1860, mariée, le 16 août 1879, à M. de Vestel, architecte belge. De ce mariage sont issus :

A. Solange, née le 27 novembre 1880 ;

B. Marguerite, née le 19 mars 1882, mariée le 26 janvier 1904 à Louis, vicomte de Nouël ;

C. Albéric, né le 11 janvier 1884 ;

D. René, né le 30 novembre 1886 ;

E. Guy, né le 15 octobre 1896.

12° *Yvonne-Marie-Madeleine*, née le 1er février 1863, a épousé, le 2 décembre 1893, Joseph, comte de Chabannes, décédé le 12 septembre 1902.

De ce mariage sont issus :

A. Jacques, né le 23 septembre 1894 ;

B. Marie-Antoinette, née le 14 mai 1896.

13° *Robert-Marie-Joseph*, né le 24 août 1867, capitaine au long cours, décédé célibataire, à Marseille, le 27 avril 1897.

Sur les treize enfants de M. le vicomte de Galembert (François-Marie-Henri), neuf vivent encore en 1907.

Pas d'héritier du nom.

TROISIÈME BRANCHE DE LA FAMILLE DE GALEMBERT

XIVᵉ. BODIN DE GALEMBERT (Anne-Marie-Charles de), baron de Galembert, né à Vendôme, le 16 novembre 1819, marié, le 21 décembre 1852, à Louise de Rivière [1], décédé le 14 février 1880, au château d'Etteveaux, près Luzy (Nièvre).

De ce mariage sont issus :

1° *Henri-Marie-Charlemagne*, qui suit ;

2° *Marie-Adélaïde-Louise*, née le 14 août 1855, mariée, le 24 avril 1889, à Henri Triboudet de Mainbray, actuellement officier général d'artillerie ;

3° *Anne-Marie-Marguerite*, née le 6 mai 1857 ;

---

1. BERTRAND DE RIVIÈRE porte : *D'azur, à une montagne de quatre coupeaux d'argent, montante du bas de l'écu ; au chef d'argent, chargé de trois étoiles de gueules.*

4° *Eugène-Marie-Joseph*, né le 4 juillet 1860 à Ettevaux : élève à l'Ecole de Saint-Cyr, le 23 octobre 1878; sous-lieutenant, élève à l'Ecole de Saumur, le 1er octobre 1880; sous-lieutenant au 6e dragons, le 31 octobre 1881; lieutenant au 4e hussards, le 11 septembre 1885; lieutenant au 6e chasseurs d'Afrique, le 1er octobre 1887; lieutenant au 7e hussards, le 7 octobre 1887; lieutenant instructeur à Saint-Cyr, le 9 avril 1890; capitaine instructeur au 29e dragons, le 29 décembre 1892; capitaine en second au 29e dragons, le 21 octobre 1893; capitaine en second au 31e dragons, le 8 mai 1897; capitaine commandant au 31e dragons, le 16 octobre 1897; chef d'escadron major au 22e dragons, le 26 décembre 1905; trois campagnes d'Afrique, du 28 octobre 1885 au 29 novembre 1887; chevalier de la Légion d'honneur, le 25 décembre 1899.

Marié le 11 août 1892, à Paris, à Renée-Jeanne Hoskier.

De ce mariage sont issus :

A. Elisabeth-Marie-Louise, née à Paris, le 1er juin 1893;

B. Lucienne-Marie-Sophie-Hélène, née à Mourmelon, le 16 octobre 1894;

C. Antoine-Marie-Maurice, né à Epernay, le 24 février 1897.

5° *Joseph-Marie-Gustave*, né à Etteveaux, le 4 juin 1862; élève à Saint-Cyr, le 31 octobre 1882; sous-lieutenant, le 1er octobre 1884; lieutenant, le 2 février 1888; admis à l'Ecole de Guerre

(1889-1891); breveté d'État-Major, novembre 1891; capitaine, 26 février 1894; chef de bataillon, 24 juin 1906.

Marié, le 2 octobre 1894, à Marguerite-Marie Jahan de l'Estang; de ce mariage sont issus :

A. Stanislas-Marie-Edgard-Louis, né le 20 juillet 1895;

B. Yves-Marie-Eugène, né le 11 juin 1897;

C. Marie-Josèphe-Hedwige, née le 29 janvier 1903.

6° *Anne-Marie-Louise-Antoinette*, née le 26 janvier 1865, mariée, le 15 avril 1893, à Raymond de Beauvais, vicomte de Saint-Paul.

7° *Louis-Marie-Ernest*, né le 24 février 1867 : élève à Saint-Cyr, octobre 1887; sous-lieutenant de cavalerie, le 1er octobre 1889; lieutenant, le 1er octobre 1891; s'est retiré du service.

Marié en mai 1899 à Marie-Amélie-Joséphine de Chauny.

De ce mariage est issue :

Suzanne-Marie, née le 9 avril 1900.

8° *Yvonne-Marie-Pauline*, née le 9 novembre 1869. Mariée, le 25 avril 1906, à Charles Le Prieur, baron de Rocquemont.

9° *Elisabeth-Marie-Alphonsine*, née le 11 août 1871, religieuse du Carmel d'Autun.

10° *Louise-Marie-Eugénie-Joséphine*, née le 24 avril 1873, décédée à Etteveaux, le 30 décembre 1887.

« Des dix enfants de M. le baron de Galembert (Anne-Marie-Charles), neuf vivent encore en 1907, dont quatre ont des enfants ; sur ces enfants, il y a cinq garçons portant le nom.»

XVe. Bodin de Galembert (Henri-Marie-Charlemagne de), baron de Galembert, né à Etteveaux, le 26 février 1854 : élève à Saint-Cyr, octobre 1872 ; lieutenant de cavalerie, 1876 ; capitaine au 20e dragons, 1882 ; démissionnaire, 1890 ; chevalier de la Légion d'honneur, 1900.

Marié à Paris, le 29 mars 1883, à Marie-Anne Hennecart.

De ce mariage sont issus :

1° François-Marie-Jules, qui suit ;

2° Carl, né le 19 mars 1885.

XVIe. Bodin de Galembert (François-Marie-Jules de), baron de Galembert, né le 2 mars 1884.

§ VII. — De Bodin de Boisrenard

SEPTIÈME BRANCHE

XIIIe. Bodin de Boisrenard (Gaspard-Constant de), troisième fils de François de Bodin (XIIe) et de Marie-Charlotte-Adélaïde de la Taille (p. 32), né au château de Boisrenard, le 9 janvier 1770, cadet gentilhomme à l'Ecole Militaire, le 28 septembre 1787.

Etats de services au régiment Royal-Marine[1] : rang de sous-lieutenant Royal-Marine, le 28 septembre 1787 ; sous-lieutenant Royal-Marine, le 6 avril 1788 ; réformé à la formation de 1791 ; sous-lieutenant, le 1er avril 1791 ; a abandonné, le 12 janvier 1792 ; services à l'armée de Condé[1] :

1. Archives de la Guerre.

émigré à Ath, le 9 février 1792 ; a fait la campagne de 1792 à l'armée de Bourbon (compagnie des officiers de Royal-Auvergne) ; arrivé à l'armée de M. le prince de Condé, le 22 mai 1793 (compagnie nº 8 des chasseurs nobles), où il a fait les campagnes de 1793-1794-1795 et 1796 ; parti par congé, le 1er juin 1795 ; revenu, le 22 août 1795 ; parti par congé, le 27 avril 1796 ; revenu, le 25 novembre 1796 ; parti par congé, le 17 avril 1797 ; chevalier de Saint-Louis, le 5 octobre 1814 ; nommé capitaine, le 29 novembre 1815, pour prendre rang du 28 septembre 1797.

Le 6 août 1820, services liquidés à seize ans et trois mois ; six campagnes ; n'a pas droit à une pension de retraite (il lui aurait fallu dix-neuf ans) ; *le 20 décembre* 1820, inspecteur des contributions directes à Evreux ; à cette date, il existe à son dossier un certificat de notoriété, dressé par Henault, notaire à Mer, tendant à la rectification sur ses états de services et brevets du prénom de *Constance*, inscrit par erreur, au lieu de *Constant*, qui est le sien.

Ont comparu et signé à cet acte, en brevet :

a) Louis-Joseph de Bodin de Boisrenard, demeurant à Boisrenard, frère aîné de l'impétrant, maire de Nouan ;

b) François-Alexandre de Bodin de Boisrenard demeurant à Chantecaille, cousin de l'impétrant ;

c) Stanislas-Joseph de Bodin de Boisrenard demeurant à Chantecaille, cousin de l'impétrant.

A son dossier, aux Archives de la Guerre, existe encore une copie authentique d'un certificat ainsi conçu :

Nous, Louis-Joseph de Bourbon, prince de Condé, prince du sang, pair et grand-maître de France, colonel général de l'infanterie française et étrangère, duc de Guise, etc... commandant en chef, par les ordres du Roi, une division de la noblesse et de l'armée française,

Certifions que M. Gaspard-Constant Bodin de Boisrenard, sous-lieutenant au régiment de Royal-Marine, nous a joint le 21 mai 1793, qu'il a servi sous nos ordres, dans la compagnie n° 8, des chasseurs nobles, depuis ce temps, jusqu'au 17 avril 1796, qu'il s'est rendu en France, par ordre du roi, qu'à son retour ayant trouvé les passages fermés, à cause de l'invasion des ennemis, il n'a rejoint sa compagnie que le 24 novembre dernier, qu'il s'est trouvé à toutes les affaires de la campagne de 1793, nommément à celles des 20 et 21 août, 12 septembre, 13 octobre, 2 et 8 décembre, qu'il s'est conduit avec honneur pendant qu'il a été à l'armée et qu'il a montré beaucoup de zèle, de courage et de bonne volonté.

En foi de quoi, nous lui avons fait expédier le présent certificat, signé de notre main, contresigné par le secrétaire de nos commandements et auquel nous avons fait apposer le sceau de nos armes.

Fait à notre quartier-général de Mullheim,
le 12 janvier 1797.

Signé : « Louis-Joseph DE BOURBON. »

Par son Altesse Monseigneur,
Signé : « DROUIN. »

Pour copie conforme,
Le sous-inspecteur aux revues,
Signé : « FROIDEFOND DE FLOLIAN. »

Gaspard-Constant de Bodin de Boisrenard mourut en novembre 1854; il avait épousé, vers 1798, Françoise-Joséphine Le Normant, née à Mer, le 18 juillet 1774, fille de Joseph-Etienne Le Normant[1], écuyer, et de Jeanne-Julie-Martin de Corteuil.

De ce mariage est né :

XIV⁰. Bodin de Boisrenard (Georges-Constant de), décédé en septembre 1847.

Il avait épousé, en premières noces, N. Iver, dont il n'eut pas d'enfants, et en secondes noces, en 1834, Marie-Antoinette-Elisabeth de Massol, fille de Gaspard, comte de Massol[2], chevalier de Malte, chef d'escadrons, et de Rose-Julie Johanneton de Vizy.

Du second mariage sont issus :

A. Marie-Joseph de Bodin de Boisrenard, né à Orléans, en août 1835, y décédé célibataire, le 30 septembre 1870.

B. Marie-Georges de Bodin de Boisrenard, qui suit :

XV⁰. Bodin de Boisrenard (Marie-Georges

---

1. Le Normant porte : *Ecartelé d'or et de gueules, à quatre roses de l'un en l'autre, et en abîme un tourteau d'azur, chargé d'une fleur de lis d'or, couronne de comte* (ces armes se trouvent peintes dans la cathédrale et à l'hôtel de ville d'Orléans).

2. Massol porte : *D'or, à l'aigle éployée de sable, coupé de gueules, au dextrochère armé, mouvant de flanc d'une nuée d'argent, tenant un marteau d'armes; couronne de marquis; cimier : une aigle à deux têtes, surmontée de la couronne impériale d'Autriche.* Devise : *Perspicacia et fortitudine.*

de), né à Orléans en février 1837, y décédé le
9 février 1894, marié le 30 janvier 1861 à
Marie-Christine-Joséphine de Tristan, fille de
Théobald, comte de Tristan[1], et de Marie-
Octavie de Goislard de Villebresme[2].

De ce mariage est issu :

XVI°. BODIN DE BOISRENARD (Marie-Georges-
Eugène-François de), né à Orléans, le 15 septembre 1861, officier de réserve au 13e régiment de dragons. A épousé, le 1er octobre 1890,
Victorine-Marie d'Anthenaise, fille de Pierre,
comte d'Anthenaise[3] et de Gabrielle de
Rochetaillée[4].

De ce mariage sont nés :

A. Marie-Georges-Pierre de Bodin de Boisrenard, né à Montireau (Eure-et-Loir), le
15 juillet 1891 ;

B. Marie-Christine-Yvonne de Bodin de

---

1. TRISTAN porte : *De gueules. à la bande d'or, couronne de marquis.*

2. VILLEBRESME porte : *D'azur. à une fasce d'argent,
accompagné en chef de deux croix pattées d'argent, et
en pointe, d'un lion léopardé d'or et chargé d'une mer-
lette de gueules.*

3. D'ANTHENAISE porte : *Ecartelé : cantons 1 et 4,
d'argent, à l'aigle à deux têtes au vol abaissé, cantons 2 et
3, vairés d'or et de gueules. à 5 tires sur le tout. bandé
d'argent et de gueules de huit pièces, couronne de comte ;
cimier : une aigle assortante ; supports : deux aigles au
vol abaissé ; le tout, posé sur deux bannières en sautoir.
qui sont d'argent à trois jumelles de gueules en bande.*

4. ROCHETAILLÉE porte : *Ecartelé aux 1 et 4 d'or à
3 fasces d'azur, aux 2 et 3 de gueules à 4 merlettes
d'argent, posées 2 et 2 ; supports : deux lions.*

Boisrenard, née à Montireau (Eure-et-Loir), le 1er octobre 1892 ;

C. Marie-Paul-Alain de Bodin de Boisrenard, né à Loury (Loiret), le 4 janvier 1895.

www.ingramcontent.com/pod-product-compliance
Lightning Source LLC
Chambersburg PA
CBHW070907280326
41934CB00008B/1622